天津文化遗产保护成果系列之六

盘山摩崖题刻调查报告

天津市文化遗产保护中心　编著

杨　新　主编

科学出版社

北　京

内 容 简 介

本书通过对天津市蓟州区盘山全境摩崖石刻的实地田野踏查，在获取第一手资料的基础上，力图真实记录盘山摩崖石刻的分布情况和保存现状，基于前人的研究成果，并结合历代盘山史料分别对石刻加以著述著录，介绍盘山摩崖石刻所包含的历史信息，以期厘清历代盘山摩崖石刻的发展脉络，并最大限度彰显其文化价值。

本书可供考古学、历史学等学科研究者，以及高等院校相关专业师生和广大文物考古爱好者阅读参考。

图书在版编目（CIP）数据

盘山摩崖题刻调查报告 / 天津市文化遗产保护中心编著；杨新主编. —北京：科学出版社，2022.11

（天津文化遗产保护成果系列之六）

ISBN 978-7-03-073817-2

Ⅰ.①盘… Ⅱ.①天… ②杨… Ⅲ.①盘山 – 摩崖石刻 – 调查报告 Ⅳ.①K877.49

中国版本图书馆CIP数据核字（2022）第221165号

责任编辑：王光明　王　钰
责任校对：邹慧卿
责任印制：肖　兴
封面设计：张　放
装帧设计：北京美光设计制版有限公司

盘山摩崖题刻调查报告

天津市文化遗产保护中心　编著
杨　新　主编

科学出版社 出版

北京东黄城根北街16号
邮政编码：100717
http://www.sciencep.com
北京汇瑞嘉合文化发展有限公司 印刷
科学出版社发行　各地新华书店经销

2022 年 11 月第　一　版　　开本：889×1194　1/16
2022 年 11 月第一次印刷　印张：19 1/4
字数：522 000
定价：258.00 元
（如有印装质量问题，我社负责调换）

序

马衡的《中国金石学概要》说："刻石之风流衍于秦汉之世，而极盛于后汉。逮及魏晋，屡申刻石之禁，至南朝而不改。隋唐承北朝之余风，事无巨细，多刻石以纪之。自是以后，又复大盛，于是石刻文字，几遍中国矣。"（马衡：《中国金石学概要》，氏著：《凡将斋金石丛稿》，中华书局，1977年）天津市域内现存的历代田野石刻文字，依功能及形制分为碑刻、墓志、摩崖等类型。《盘山摩崖题刻调查报告》翔实记录了天津蓟州盘山地区1949年以前的摩崖石刻文字。

我曾经的同事杨新，长年倾心竭力收集、整理、研究天津市域内的历代田野石刻文字，他的痴迷与执着，实在令人感佩。盘山摩崖题刻调查项目是他一个人承担完成的，田野调查期间，他吃住在蓟州的大山里，登上爬下不慎摔伤了腰。这本报告的出版，充分体现出他为此所付出的辛苦。

——一

蓟县志编修委员会编纂的《盘山志》，共收录摩崖石刻259处，其中包括部分当代石刻。天津盘山风景名胜区管理局编纂的《盘山金石志》收录摩崖石刻360处，其中包括2012年以前的摩崖石刻、石塔铭、石牌坊及已经消失的摩崖石刻。赵海军主编的《蓟县文物志》，收录摩崖石刻209处。天津市文物保护单位"盘山摩崖石刻"，核定公布摩崖石刻240处。

《盘山摩崖题刻调查报告》在田野调查的基础上，经过仔细甄别，收录1949年以前的摩崖石刻246处，其中包括新发现的3处，尽可能地做到现存摩崖石刻数量的准确。

调查报告记录的摩崖石刻文字信息，一般包括：名称、年代、文字内容、相对位置、保存状况、地理坐标、题者、书写形式、书体、文字尺寸、备注等项。其中"保存状况""地理坐标"两项，对于田野石刻的保护管理尤为重要。调查报告的信息采集指标体系，保证了摩崖石刻的各种信息得以完备。

调查报告由著述、盘山摩崖题刻、附录三个部分组成。著述部分，说明了盘山摩崖石刻的历史环境、既往著录基本情况，以及本次田野调查的主要收获与盘山摩崖石刻的总体概况。盘山摩崖题刻部分，按照中国历史朝代顺序，分类编排246处摩崖石刻。附录部分有三：一是盘山摩崖石刻地理位置索引，二是盘山其他石刻名录，三是摩崖石刻分布图。全书体现出石刻本体为主，历史环境为辅；时间为经，空间为纬的学术思想。

调查报告关于盘山摩崖石刻总体情况的分析与统计简单明了，考证与研究颇具说服力，尤以抗日标语的年代分期研究、剿匪题记的历史内涵揭示等有关内容，可圈可点。

二

《中国金石学概要》说："凡著名祠宇及山水佳处，多有古人题咏题名。或志景仰，或纪游踪。唐宋以后，作者尤伙。姓名事迹，往往可补志乘之阙，若整理而汇录之，皆治史者考证之资也。"盘山唐代以降的摩崖石刻，大多是题咏题名之类，或志景仰，或纪游踪，所涉及的人物、事迹，具有很高的历史价值。兹略举一二。

盘山现存可辨识的明代官员摩崖题刻6处，其中有北海刘应节题"天门开"，题刻无纪年。据隆庆四年（1570）刊刻的《黄崖关空心敌台鼎建碑》，揆度此处题刻的年代为明隆庆四年（1570）。

《明史》列传一零八记载，隆庆四年秋，刘应节进右副都御史，巡抚如故。旋进兵部右侍郎兼右金都御史，代谭纶总督蓟、辽、保定军务。"给事中陈渠以蓟镇多虚伍，请核兵省饷。应节上疏曰：'国初设立大宁，蓟门犹称内地。既大宁内徙，三卫反覆，一切防御之计，与宣、大相埒，而额兵不满三万。仓卒召外兵，疲于奔命，又半孱弱。于是议减客兵，募土著，而游食之徒，饥聚饱飏。请清勾逃军，而所勾皆老稚，又未必安于其伍。本镇西起镇边，东抵山海，因地制兵，非三十万不可。今主、客兵不过十三万而已。且宣府地方六百里，额兵十五万；大同地方千余里，额兵十三万五千；今蓟、昌地兼二镇，而兵力独不足。援彼例此，何以能守？以今上计，发精兵二十余万，恢复大宁，控制外边，俾畿辅肩背益厚，宣、辽声援相通，国有重关，庭无近寇，此万年之利也。如其不然，集兵三十万，分屯列戍，使首尾相应，此百年之利也。又不然，则选主、客兵十七万，训练有成，不必仰藉邻镇，亦目前苟安之计。今皆不然，征兵如弈棋，请饷如乞籴，操练如抟沙，教战如谈虎。边长兵寡，掣襟肘见。今为不得已之计，姑勾新军补主兵旧额十一万，与入卫客兵分番休息，庶军不告劳，稍定边计。'部议行所司清军，而补兵之说卒不行。"这段文献记载，对盘山刘应节题刻的历史背景做出了最好的说明。

盘山现存的清代摩崖石刻中，乾隆帝弘历的题记有128处，占盘山摩崖题刻总数的52%，题刻年代从乾隆七年（1742）到嘉庆二年（1797）。

据《清高宗实录》记载，乾隆帝从乾隆四年（1739）至嘉庆二年（1797），先后巡幸蓟州盘山33次，其中1752年、1758年、1766年，春秋两季各一次，其在位期间32次。具体时间为：乾隆四年（1739）、七年（1742）、九年（1744）、十年（1745）、十二年（1747）、十三年（1748）、十四年（1749）、十五年（1750）、十七年（1752）、十八年（1753）、十九年（1754）、二十年（1755）、二十一年（1756）、二十三年（1758）、二十五年（1760）、二十八年（1763）、二十九年（1764），三十一年（1766）、三十四年（1769）、三十五年（1770）、三十七年（1772）、三十九年（1774）、四十年（1775）、四十七年（1782）、五十年（1785）、五十二年（1787）、五十四年（1789）、五十六年（1791）、五十八年（1793），以及嘉庆二年（1797）。

盘山现存乾隆帝弘历的摩崖题刻年代为：乾隆七年（1742）、九年（1744）、十年（1745）、十二年（1747）、十四年（1749）、十五年（1750）、十七年（1752）、十八年（1753）、十九年（1754）、二十年（1755）、二十三年（1758）、二十八年（1763）、二十九年（1764），三十一年（1766）、三十四年（1769）、三十五年（1770）、三十七年（1772）、三十九年（1774）、四十年（1775）、四十七年（1782）、五十年（1785）、五十二年（1787）、五十四年（1789）、五十六年（1791），五十八年（1793），嘉庆二年（1797）。按文献记载，乾隆十七年、二十三年和三十一年春秋两季各一次，这样盘山题刻记载乾隆巡幸盘山次数为29次，与文献记载相当吻合，摩崖题记成为乾隆帝巡幸盘山最为有力的实物见证。

据《清高宗实录》、《清史稿》和《南巡盛典》记载，乾隆帝从十六年（1751）开始南巡，其后二十二年（1757）、二十七年（1762）、三十年（1765）、四十五年（1780）、四十九年（1784）继续南巡，历时34年，前后共6次。此即坊间所谓"乾隆六下江南"。

乾隆帝第一次到盘山的时间，比他第一次下江南的时间早12年，下江南的时间（1751～1784），完全落在上盘山的时间（1739～1797）内，并且每次下江南的时间都与上盘山的时间错开：乾隆十五年上盘山，十六年下江南；二十年上盘山，二十二年下江南；二十五年上盘山，二十七年下江南；二十九年上盘山，三十年下江南；四十一年上盘山，四十五年下江南；四十七年上盘山，四十九年下江南。盘山乾隆帝弘历的摩崖题刻，彻底否定了津地广为流传的"早知有盘山，何必下江南"。

三

包括盘山在内的蓟州北部山区，自然遗产与文化遗产数量多、种类全、体量大，在国内具有独特性和唯一性。自然遗产包括蓟州国家地质公园、九山顶

盘山摩崖题刻综述

　　盘山的兴盛，不惟独特的地理位置、秀美的自然景观，更得益于丰富的人文遗迹。盘山现存众多摩崖石刻，以及部分碑刻、经幢等类型石刻。这些石刻表达了作者对于盘山风景的描绘与赞美，抒发览胜获得的深刻感受与情怀，真实记录重要的历史事件等。此次盘山摩崖石刻的调查，收录广义的摩崖类型，从而厘清历代盘山摩崖石刻这一文化载体的发展脉络，并最大限度彰显其文化价值[①]。

一、著录情况

　　盘山摩崖石刻的著录，最早见于清康熙年间智朴修纂的《盘山志》，在志书各卷的文字叙述中，夹带对摩崖石刻的介绍与说明；清乾隆十九年（1754），蒋溥主持编纂的《钦定盘山志》，在智朴《盘山志》的基础上，进行了重新归纳与校注，大幅增加了《巡典》《天章》《图考》《艺文》等章节，而在摩崖石刻方面记载，基本延续前志的内容；民国四年（1915）周崧年纂述的《说盘》，"因其成书年代较晚，对盘山昔有今无或今有昔无的人文景观作了一些辩证，所记如今大都可以觅见，对造访和'卧游'盘山确是一部简而博、很有实用性的著述；可读性也较强，有些地方记游状物还比较精彩"[②]，虽有新增摩崖石刻的记录，但亦没有关于摩崖石刻的单独记载。天津地方志编委会编纂的《蓟县志》的文物名胜编中，在"书法石刻"条介绍摩崖石刻，未作详细著录；蓟县志编修委员会编纂的《盘山志》，设"石刻碑刻"章节，对摩崖石刻、造像画像和碑刻进行统一著录，其中包括部分现代摩崖石刻在内，共收录摩崖石刻259处；天津盘山风景名胜区管理局编纂的《盘山金石志》，以志书体例收录2012年以前，将石质、木质和金属等不同材质，包括碑幢、摩崖石刻、雕像、匾额楹联和铭文等所有文字和画像，共收录656条，其中，"摩崖石刻"章节收录包括新刻、塔铭和制坊，以及已经消失的摩崖石刻共360条，而摩崖造像画像收录在"雕像"章节；赵海军主编的《蓟县文物志》，在"摩崖石刻和石刻造像"与"近现代遗迹·盘山抗日根据地遗址"两个章节进行著录，共收录摩崖石刻209条。在第三次全国不可移动文物普查基础上公布的天津市市级文物保护单位"盘山摩崖石刻"，登记摩崖240处。

二、概况

　　盘山地区摩崖石刻历史悠久，分布广泛，内容丰富，数量众多，形式多样。此次调查共收录246处，年代最早的摩崖石刻是唐代开成五年（840）前的《李从简题舞剑台》，后经辽、金、明、清、民国，历代延绵，其中辽代造像群1组，金代摩崖石刻2处（含龙纹造像1幅），明

---

① 马衡的《凡将斋金石丛稿》、冯云鹏的《金石索》和叶昌炽的《语石》等著作通常认为：利用天然石壁凿而成，即摩崖石刻。徐自强、吴梦麟的《古代石刻通论》（紫禁城出版社，2003年），将摩崖石刻和摩崖造像分别著录，亦使摩崖石刻有广义和狭义之分。此次调查的盘山摩崖石刻，包含文字与造像，即为广义概念的摩崖。

② 天津市地方志编修委员会：《天津通志·旧志点校卷下册》，南开大学出版社，2001年。

代摩崖石刻21处、佛造像5尊，清代摩崖石刻168处、造像1幅，民国摩崖石刻28处、标语10幅，年代不详摩崖石刻9处[①]（表一）。

盘山摩崖石刻大致包含几种形式：① 完全利用自然的崖壁凿刻，不做任何平整等加工；② 凿刻成规则平面；③ 刻成碑刻形制，即碑形崖壁；④ 摩崖造像（表二）。

盘山摩崖石刻的文体表现形式亦是多种多样，有散文、题记、诗词，也有为数不少的题榜，以及宗教用语、佛造像和画像。

盘山石刻书体主要正书、行书、草书、隶书和篆书，雕刻技法主要有线刻和浮雕。大多数石刻的题写出自政治、文化名人之手，书法精美，艺术水准高。石刻文字主要为汉字书写，少量用梵文书写。石刻书写列名者，上至皇帝、皇族贵戚、文臣武将、地方官吏、文人墨客和大德高僧，下到寻常百姓，即石工、僧尼，等等，涵盖社会的各个不同阶层。现存题写两处以上人物表（表三），现存书体统计表（表四）。

在田野调查过程中，根据每处石刻的保存现状，自定四个等级标准，进行划分保存状态分类。① 保存完好：石质风化轻微，石刻完整，字迹清晰，保存环境良好；② 保存较好：石质风化轻微，石刻局部轻微残缺，字迹可辨识，保存环境较好；③ 保存一般：或石质风化较重，或石刻残损较重，或字迹模糊但可辨识，保存环境一般；④ 保存较差：或石质风化严重，或石刻残缺严重，或字迹漫漶不清，保存环境较差（表五）。

影响各类石刻保存的因素很多，主要集中在四个方面。

（1）自然侵蚀。盘山地区的岩石大多易风化。① 花岗岩，分布在盘山花岗岩山地，为不均质岩石砂物所组成，较易风化。② 石英砂岩，分布在官（庄）许（家台）公路以南，中上元古界长城系常州沟组石英砂岩地区。以钙质或泥质为胶结构，风化较快。③ 页岩，分布在盘山东西两侧中上元古界长城系串岭沟组页岩和蓟县系洪水庄组页岩地区，易风化。④ 白云岩、石灰岩，分布在盘山东西两侧中上元古界长城系高于庄组白云岩、蓟县系杨庄组白云岩、雾迷山组白云岩和灰岩及铁岭组灰岩、白云岩地区。岩石坚硬，风化较难。四种岩石有三种容易风化，再加

表一　历代摩崖数量

朝代	数量 / 处
唐代	1
辽代	1
金代	2
明代	26
清代	169
民国	38
不详	9
合计	246

表二　表现形式

形式	数量 / 处
完全利用自然的崖壁凿刻	121
凿刻成规则平面	113
刻成碑刻形制[②]	3
摩崖造像	9
合计	246

[①] 摩崖数量的统计以1949年为限。1.有明确纪年的；2.根据人物或文献推定大致年代的；3.根据石刻自身推定年代的；4.不是新刻，但无法确定年代的。能够明确认定新刻的摩崖石刻，不在调查范围且未作统计。

[②] 见赵超《中国古代石刻概论》第5页（文物出版社，1997年），提到有些摩崖是在石壁上凿成一个碑的外形平面后刻写上铭文。徐自强、吴梦麟《古代石刻通论》第97页（紫禁城出版社，2003年）介绍的《郑文公碑》，即是著名的北朝摩崖石刻之一，属于摩崖碑，后文图录采用碑形摩崖定名。

表六　分布状况

地点	数量 / 处	地点	数量 / 处
报国寺	3	东甘涧	13
东竺庵	3	法藏寺	4
古中盘	21	静寄山庄	31
盘谷寺	9	千像寺	9
瑞云庵	3	上方寺	21
少林寺	15	双峰寺	4
水月庵	3	天成寺	38
万松寺	25	西甘涧	18
招提寺	5	云净寺	6
云罩寺	15		
合计		246	

400公顷，总建筑面积达1.1万平方米。是仅次于承德避暑山庄的第二大皇家行宫园林。清乾隆九年（1744）开始兴建，乾隆十九年（1754）竣工。静寄山庄由外八景、内八景、新六景组成。外八景有天成寺、万松寺、云罩寺、千相寺、盘谷寺、舞剑台、紫盖峰、浮石舫。内八景有静寄山庄、太古云岚、层岩飞翠、清虚玉宇、镜圆常照、众音松吹、四面芙蓉、贞观遗踪。新六景有半天楼、池上居、农乐轩、雨花室、冷然阁、小普陀。乾隆皇帝钟情盘山，共留下诗作1702首，题咏盘山行宫诸胜的诗作合计898首。其中：以盘山为题直咏者28首，以行宫（静寄山庄）为题吟咏者62首，游览诸胜（不包括寺院）之诗作808首。乾隆题诗，再加上题字的摩崖石刻，自成体系，构成山庄胜景。目前仅存乾隆题字、题诗21处（表六）。

三、各代摩崖石刻

（一）唐代摩崖石刻

　　"盘山昔多隐沦，自唐以后遂为大德道场，智灯法鼓，流传日盛；岩凹涧侧，皆建宝坊"[1]。据智朴《盘山志》记载，随着唐代佛教的繁荣与发展，感化寺、双峰寺、千像寺、上方寺、云罩寺、普济寺、香水寺、天成寺、灵岩寺、天香妙祥禅寺、香林寺、白岩寺、金山寺等众多寺庙相继兴建，佛教盛兴一时，盘山在当时已成为大德高僧、名人雅士的向往之地。同时，唐太宗征辽途经盘山，留下了许多传说，如晾甲石为三军晾甲处、账房石为唐太宗驻跸处、饮马潭为饮马处等。只可惜石在，史迹无处可寻。

　　盘山现存最早的摩崖石刻是唐开成五年（840）前刻于万松寺西侧舞剑台台顶的《李从简题舞剑台》，此处唐代摩崖石刻就成为盘山保留唐代原物的重要遗存。舞剑台相传为李靖舞剑处，

---

[1] （清）蒋溥：《钦定盘山志》卷一。

万松寺，原名李靖庵，又名卫公庵，亦是为纪念李靖所建。李靖因破突厥而威震北国，至于李靖是否到过盘山，傅增湘在《艺林月刊·游山专号第二卷》载："舞剑台在西峰上，相传为李药师学剑处。峰头有大盘石，刻李从简来游数字，盖唐人也。卫公事迹，殆不可考，或谓文皇东征时，道经此。然考史传，兹役公固未兴也。余辛亥诗曾辩及之。"①韩嘉谷在《天津古史寻绎》有所考述和论证。但舞剑台及李从简题字，确被历代文人凭吊。明代李元阳《游盘山舞剑台记》和刘侗《盘山记》②，都详细描述了舞剑台题字的情况，明清两代，也留下了大量咏舞剑台的诗句，目前与李靖舞剑台相关的摩崖题诗仅存清乾隆帝弘历《题李靖舞剑台》和嘉庆帝颙琰《越李靖舞剑台》二首。

关于此处题刻的记述，《日下旧闻考》："'李靖舞剑台石最坚不可凿。'又按：舞剑台为行在外八景之一，石上字已泐。"③明代李元阳《游盘山舞剑台记》云："予亦随携石工，镌题有顷曰：此石名白筋虾蟆背，此时冻久，铁笔不入。"刘侗《盘山记》云："石特坚，后之人不可得凿。"上述文字一致记录了舞剑台的石质坚硬，这一点在傅增湘的《三游盘山记》中，通过清晰的《李从简题舞剑台》拓本得以证实。调查中在台顶拍摄的照片，除上部"李"字外，余皆清晰可释读，虽未再次提取题刻拓片，但从凿痕字口看，依然可做清晰拓本。由此看《日下旧闻考》所记"石上字已泐"，很可能是此处题刻风化泐蚀之始。

（二）辽代摩崖石刻

辽代崇佛始于阿保机，朝廷上下佞佛成风，常对寺院大量施舍，使寺院占有大量土地和钱物。为推崇佛教，朝廷给予僧人高位和赐予封号。崇佛风气引来大批户民剃度出家遁入佛门，直接影响农业生产和赋税收入，后朝廷不得不颁布"禁度僧尼"的法令。

盘山寺庙中，在辽代兴建、重修和易名的有感化寺、天成寺、千像寺、甘泉寺、上方寺、云净寺、报国寺、天香妙祥寺、法兴寺和白岩寺等，天成寺舍利塔和定光佛舍利塔，以及经幢等辽代遗存，皆与佛教相关。现存辽统和五年（987）《盘山祐唐寺创建讲堂碑铭并序碑》，碑文描述了盘山的形胜，祐唐寺的兴衰，石刻造像的由来，以及应历十二年至统和五年间寺庙修建经过。碑侧续刻妙化寺和千像寺解决土地纠纷的协议与千像寺四至，以点带面，由此可见辽代盘山佛寺的兴盛④。

盘山现存辽代摩崖石刻一处，即千像寺石刻造像群。造像群位于千像寺遗址周围岩石或崖壁上，共124处，有辽代线刻佛像535尊，保存较好。佛像或立姿，或坐姿；或一石单尊，或一石多尊。佛像高1.5～2米不等，有释迦牟尼佛、大日如来佛、药师佛、弥勒佛、观音菩萨、地藏菩萨及其弟子等菩萨像。面部朝向千像寺，体态挺拔，衣纹疏朗。佛像额前肉髻与发髻之间

① （民国）傅增湘：《三游盘山记》，《艺林月刊·游山专号第二卷》，1931年，第2页。
② （清）蒋溥：《钦定盘山志》卷十二。
③ （清）于敏中等：《日下旧闻考》，北京古籍出版社，1981年，第1912页。
④ 《盘山祐唐寺创建讲堂碑铭并序》载："自昔相传，有尊者挈杖远至，求植足之所。僧室东北隅，岩下有澄泉。恍惚之间，见千僧泽钵，瞬息而泯，因兹构精舍宴坐矣。厥后于溪谷洞石之面，刻千佛之像，而以显其殊圣也。虽雨渍苔斑，眷仪相而犹在。"故石刻造像应为统和五年前。

的髻珠为椭圆形，菩萨多戴宝冠，佛座多为仰莲座和须弥座，或结印，或手持法器。1976年，天津市文物管理处考古队就对遗址进行过调查，经历1982年、1991年的数次调查，最终在2003年至2004年，天津市文化遗产保护中心对千像寺遗址佛造像群进行全面"拉网式"田野调查。2006年，千像寺石刻造像群被国务院公布为第六批"全国重点文物保护单位"。

（三）金代摩崖石刻

盘山存金代石刻两处，均在少林寺附近，一处在少林寺舍利塔塔基下《红龙池》北巨石石壁上，线刻一龙腾跃水面，气势磅礴，填朱，旁有隶书"红龙池"三字，落款"带川隶，大定七年"[①]。另一处为《盘山古迹》，在少林寺遗址东南前方约200米，蓟砖路东侧距路面约20米"小蟒石"后崖壁，亦为带川题。这两处三则摩崖石刻也是盘山金代原物仅存的遗迹。带川，无考。韩嘉谷《天津古史寻绎》写作"带隶川，南宋文人"，或为误。书中"落款处有被磨去的楷书文字痕迹"，现已辨识困难[②]。

（四）明代摩崖石刻

自辽代始，特别是元明清三代，燕京地区（今北京地区）逐渐成为政治、经济和文化中心。盘山位临京师，灵秀奇峻，景色迤逦，渐渐成为达官贵人、文人墨客游历所在。如明永乐年间，礼部侍郎薛瑄游盘山并赋诗；成化年间，户部左侍郎储瓘游山并赋诗；弘治年间，礼部侍郎何梦春游山并赋诗；嘉靖年间李攀龙游山并赋诗；隆庆年间戚继光、刘应节游山并赋诗；万历年间傅光宅、袁宏道、朱之蕃、黄汝亨、王嘉谟、王衡、袁中道、彭泽等文官武将，都曾游历盘山并赋诗或游记，为盘山留下丰富的人文资料。盘山摩崖题刻也是在明代渐渐多了起来，盘山存明代摩崖石刻26处，其中佛造像5尊。

1. 摩崖石刻

21处。其中上方寺区域10处、报国寺1处、少林寺1处、千像寺1处、瑞云庵1处、先师台5处、法藏寺2处。

①边防边备官员题刻

蓟州是北方战略要地的重中之重，早在明洪武四年（1371）置蓟州卫，到了洪武十年（1377），位于天津蓟州区境内的关寨就有古强峪、赤霞峪等6处，并在黄崖口设置营寨，驻兵戍守。永乐二年（1404），于内边设置蓟州镇，设镇守总兵官，统领东起山海关，西至昌平县镇边城的防务。可见蓟州防务的重要性。

明王朝政权初期，不断受到元朝蒙古残部的袭扰，到了明中期，京城周边的边防形势更是日趋紧张。正德年间，俺答等部屡犯辽东，宣大等地；嘉靖十年（1531）十月，鞑靼犯大同，

---

① 关于"红龙池"摩崖，是先有龙纹雕刻，之后题字，或先有题字，再根据题字配以龙纹图案，还是题字与龙纹雕刻同时完成，史料中没有明确先后，故未作早晚分期，一并作为金代摩崖题刻介绍。
② 韩嘉谷：《天津古史寻绎》，天津古籍出版社，2006年，第236页。

扰应朔等州；二十三年（1544）初，俺答犯黄崖口。十月，自万全右卫入掠蓟州，京师戒严；二十九年（1550）八月，俺答围京师，焚掠外城三昼夜而去，史称"庚戌之变"；三十八年（1559），俺答弟把都儿与辛爱入侵，京师大震；三十九年（1560），把都儿犯蓟西；四十年（1561）俺答攻居庸关；四十二年（1563），把都儿入寇，京师戒严。京师周边屡受侵扰，甚至险些攻破京师内城。从隆庆元年（1567），命戚继光总理蓟州保定昌平三镇练兵事；二年（1568），以戚继光督镇蓟州，建敌台千二百余所；三年（1569），改总理练兵事戚继光为总兵官，镇守蓟州永平山海关等处。直到隆庆五年（1571），俺答势挫通款于明，被明王朝封为顺义王，首都北京的防御压力，才得到相应的缓解[1]。

盘山现存可辨识的明代官员摩崖题刻均为边防边备官员所题，共6处：正德十年（1515），曾管理过蓟州边储的于觉甫和监察御史卢雍在上方寺和少林寺留下2处题记；嘉靖十年（1531），本路参将萧升督工，御史闻人铨题字1处；嘉靖二十八年（1549），兵部尚书、太子太保彭泽在上方寺留下2处题记；隆庆四年（1570），总督蓟、辽、保定军务刘应节在上方寺题字1处。

上述摩崖题刻所在位置均在盘山东路，海拔沿现有山路依次由下而上，在时间上，与边防压力和紧张程度相对应，具有一定的关联性，也是十分有趣的现象。

新发现通过飞行器拍照，时隔将近500年的嘉靖十年（1531）由闻人铨题写，萧升督工，镌刻在"悬空石"上的榜书"盘山"二字。遍查典籍，从清康熙年间智朴修纂的《盘山志》、乾隆十九年（1754）蒋溥主持编纂的《钦定盘山志》，到民国四年（1915）周崧年纂述的《说盘》，以及2006年天津市地方志编修委员会办公室、天津市蓟县盘山志编修委员会编纂的《天津市盘山志》和2013年天津盘山风景名胜区管理局编纂的《盘山金石志》，没有发现与之相关的只言片语。

悬空石悬于嶕峣峰巅，王衡游记云："自上方台度松栈而出，皆连嶂郁律，巨石无根著，砱然悬其巅。仙人清无影，曾岩栖焉。就其前之亭，曰悬石亭。亭立四虚，空明崇翠，弯环而斗胜。"[2]志载"悬石亭"为戚继光所修建，《钦定盘山志》卷十三有戚继光《登盘山绝顶》诗，

表七　明代边防边备官员题刻表

姓名	年代	官职
于范（觉甫）	正德十年（1515）	曾管理蓟州边储，改革旧日弊端
卢雍（师邵）	正德十年（1515）	监察御史
闻人铨（邦正）	嘉靖十年（1531）	迁御史，巡视山海关
萧升	嘉靖十年（1531）	本路参将
彭泽（济物）	嘉靖二十八年（1549）	兵部尚书、太子太保
刘应节（子和）	隆庆四年（1570）	兵部右侍郎兼右佥都御史，代理总督蓟、辽、保定军务

---

[1] 冯君实：《中国历史大事年表》，辽宁人民出版社，1984年。

[2] 天津市地方志编修委员会：《天津通志·旧志点校卷下册·说盘》，南开大学出版社，2001年，第649页。

诗云："霜角一声草木哀，云头对起石门开。朔风边酒不成醉，落叶归鸦无数来。但使雕戈销杀气，不妨白发老边才。勒名峰上吾谁与？故李将军舞剑台。"同时载录有刘应节的《九日戚都督招集盘山寺》诗。戚继光"云头对起石门开"所描述的，即是蟭峣峰上刘应节题字的"天门开"，截至目前，盘山尚没有发现戚继光所题写的摩崖石刻，"勒名峰上"似乎只有已经消失的"悬石亭"存在可能。而"勒名峰上吾谁与？故李将军舞剑台"一句，更体现戚大将军自比李唐的卫公，统兵驰骋，保家卫国的自信与决心吧。

蓟州区黄崖关长城博物馆馆藏明隆庆四年（1570）《黄崖关空心敌台鼎建碑》，碑载："隆庆四年春季之吉，总督蓟辽保定等处军务、兼理粮饷兵部左侍郎、兼都察院右佥都御史宜黄谭纶；整饬蓟州等处边备、兼巡抚顺天等府地方都察院右佥都御史淮县刘应节；巡按直隶等处监察御史仁和余希周；巡按直隶监察御史高安傅孟春；整饬蓟州等处兵备山西布政使司右参政、兼按察司佥事益都杨锦；总理练兵兼镇守蓟州等处地方总兵官、中军都督府都督凤阳戚继光；协守西路副总兵官鄱阳李起；军门中军官大宁都司潞州暴以平抚院中军、原任参将沭阳张功；总理中军大宁都司临淮谢继能；督工、原任参将榆林李信；分守蓟州马兰谷等处地方参将、署都指挥佥事翼城杨鲤；委官蓟州卫经历章丘柴藻；黄崖口提调指挥佥事滁州陈世爵；委官易州于光祚；凤阳岳世忠；泰州陈恩；旗牌朱环鼎建。"碑文除戚继光和刘应节之外，同时刻录另外的15位大小官员。可见明代京畿地区修筑长城，加强战备防务的任务相当紧张且繁重。

②　与宗教有关的题刻

上方寺新发现的成化四年（1468）《纪事碑形摩崖》，记述大善人宋庆等人，为兴修庙宇，募化捐资情况，以及众善人名录和捐资数额。摩崖虽风化严重，漫漶不清，但也是盘山有明确纪年最早的碑形摩崖。

另外，在龙凤庵、千像寺、法藏寺、先师台等处，存《大方广》《千圣洗钵池记》《楞严台》《法船石》《长春洞》《先师台》《瀑泉》《奇观》等摩崖石刻。

③　太监题刻

题刻位于盘山东路，报国寺遗址北侧崖壁，题刻内容为"署针工局事内官监太监调御马监太监扬成四月初十到"。太监扬成由掌管宫中衣服的针工局内官监调到御马监后到盘山游历的题记。太监留题在北京摩崖石刻中多见，天津仅见一例。

④　题诗摩崖

题诗摩崖均位于上方寺，一处在上方寺钟楼东北，智朴《盘山志》与《钦定盘山志》都有诗文载录。另一处在上方寺东南约100米山路北崖壁，未曾著录。二处佚名题诗均为草书，字体大小、书写风格一致，应出自同一人之手。这二处摩崖是盘山现存最早的题诗摩崖，也是仅有的二处草书题诗摩崖石刻。

草书摩崖书体飘逸，刻工精湛。清代学者朱彝尊云："上方石壁诗，豹斑龙甲，虽残缺亦可宝。"①给予草书题诗很高的评价。

---

① 天津市地方志编修委员会：《天津通志·旧志点校卷下册·说盘》，南开大学出版社，2001年，第661页。

⑤ 工匠题刻

在位于瑞云庵遗址下院的山路旁，存嘉靖四十二年（1563）工匠题刻一处，题刻"嘉靖四十二年正月二十五日开拓此道"，调查时未见"开拓此道"四字，依《盘山金石志》补。瑞云庵，又名老爷庵，智朴《盘山志》载："瑞云庵，感化寺东北三里，始建岁月无考。金大安中重修。"道光《蓟州志》载："瑞云庵在行宫东南一里，乾隆十年重修。"志书未见明代修缮的记录，此处题刻为明嘉靖年间，也许在当时为庙宇的修缮施工，或是为方便香客入庙进香提供便利而开拓的山路。此处题刻，也是盘山唯一的工匠题刻。

2. 佛造像

契真洞佛造像位于千像寺遗址北侧契真洞内，是天津市唯一的佛窟。契真洞佛造像作为千像寺遗址的组成部分，被列为全国重点文物保护单位。

上方寺东大方广佛造像1尊。线刻，坐姿。旁有新刻"佛"字。莲座下呈碑形，额题"流芳万古"，下横写题"大方广佛华严经"，并竖写题"若人欲了之，三世一切佛。应观法界性，一切为心造"四句经文。

古中盘佛像3尊。均坐姿，分别位于古中盘塔林遗址南入口西侧石壁、"万象回薄"崖壁对面及崖壁西侧。

（五）清代摩崖石刻

1. 摩崖石刻

到了清代，盘山摩崖石刻发展到了鼎盛时期。

清代盘山寺庙的修葺或兴建主要集中在康熙和乾隆两朝。康熙年间僧众自持修建寺院达到鼎盛，仅史志所见就有"僧通绪重修云罩寺"、"僧明德住普济寺，次第营葺"、"僧云联重修天成寺"、"僧本住再葺少林寺"、"僧心安再新香林寺"、"大博禅师重新开拓正法禅院"、"无暗律师徒扩其基而新之"、"养心尊宿又修茶子庵"、"重修西甘涧净土庵"、"姜和尚重修东甘涧观音庵"、"僧玄朗重修弥勒庵"、"僧通道建朝阳庵"、"僧通道结茅居大悲庵"、"通起重修西架静室"、"僧百忍建茶子庵东静室"、"智朴开建青沟禅院"、"僧隆宝再葺青峰庵"、"僧惠明等再葺香水庵"、"雨石和尚募修普济寺"等20余次[①]。除僧众外，康乾二帝多次巡幸盘山并赐帑。如康熙十四年（1675）十月，"驻跸访盘山之胜，住僧祥庆嗣孙来平随驾登山。蒙上顾问，赐金"。十七年（1678），"御书'盘山秀峰'于云罩寺"、"圣祖临幸，敕赐盘谷寺额，因其地名盘谷"；"秋驾幸此庵（卫公庵），御书'乐天真'三字悬殿中央"；"敕改为万松寺"。十八年（1679），"赐金卫公庵"。二十五年（1686），"圣驾再临卫公庵"、"命僧智朴赋诗"。四十三年（1704）"御笔改题云净

---

① （清）智朴：《盘山志》卷四《建置》。（清）蒋溥：《钦定盘山志》卷五、卷六《寺宇》。

年（1781）的40余年间，亲自参与下增建、扩建及新建的园林建筑面积约有一百多万平方米，园林占地面积近4000公顷。

盘山的静寄山庄就是在这样一个大背景下建造完成的。现存乾隆摩崖题字共10处，均集中在静寄山庄。其中位于少林寺东南岭巨大石壁上，刻有乾隆帝题《萝屏》两个大字，字径达4.5米，是盘山最大题字，在全国亦属罕见。北京摩崖也有乾隆帝题刻的《萝屏》二字，字径仅约一尺。盘山总计遗存乾隆摩崖题刻128处，相当于北京全境乾隆帝题刻的总和，堪称宏大。亦可见乾隆对盘山独有的热爱。

乾隆帝有关盘山众多诗作的存世，几乎全景展现盘山当年的景象，犹如一幅盘山立体画卷，对后人重温旧时盘山风貌，体味诗与景物、诗与心情和诗与社会等关系，都有重要的历史和现实意义。

盘山还存有嘉庆帝题诗5处，其中万松寺2处，天成寺、东甘涧观音庵、古中盘遗址各1处。其中的一首《万松寺》诗，诗文为"行回西北磴千重，古寺高标额万松。翠盖纷□集鸾凤，苍鳞天镇舞虬龙。日归友影迎眸洁，风叠寒涛盈耳浓。清佳□凋有万性，不知东岱受秦封。万松寺，乙亥季春月中浣御笔。"

落款的乙亥年，在清代有康熙三十四年（1695）、乾隆二十年（1755）、嘉庆二十年（1815）和光绪元年（1875），首先从书法和诗文看，此诗绝非康熙帝风格，并且此年康熙未到盘山。其次，此诗《钦定四库全书御制诗集》中没有载录，书法亦非乾隆风格。乾隆二十年（1755）春，乾隆帝确实驻跸盘山并留下《万松寺》诗一首，根据《御制诗集》统计看，乾隆帝每次驻跸盘山巡游，每到一处只留诗一首，因此，这篇《万松寺》诗非乾隆所作。第三，自道光帝登基，从未巡幸盘山，并在道光八年（1828）朱批停修盘山行宫，逐渐裁撤行宫用度，况且，光绪元年（1875）光绪帝登基时才4岁，不可能撰书此诗文。最后，据《清实录·仁宗·卷304》载，嘉庆二十年（1815）三月恭谒东陵时，驻跸盘山行宫数日，据此，此诗当是嘉庆帝所作。《蓟县志》第20编文物名胜篇①写道："清高宗驻宿山庄25次，仁宗驻宿7次。嘉庆十八年（1813）以后，清代皇帝不再来此"，而实际上仁宗驻跸盘山行宫11次，少算的4年，恰巧是嘉庆十八年至二十五年的4次。《盘山金石志》载："具体年代待考，诗文无记载。"②《盘山金石志》编纂时，可能是受《蓟县志》误导的影响。

⑤ 晚清重臣题字

一位是晚清军事家、政治家荣禄题字。荣禄（1836～1903），字仲华，号略园，瓜尔佳氏，满洲正白旗人。出为直隶候补道，迁左翼总兵，改工部侍郎，调户部，兼总管内务府大臣。光绪年，擢工部尚书。二十四年（1898），为直隶总督，军机大臣。后加太子太保，转文华殿大学士。光绪二十九年（1903）卒，赠太傅，谥文忠，晋一等男爵。《清史稿》有传。荣禄在盘山下盘、中盘和上盘有三处题刻，分别是《入胜》、《捧日》和《摩天》。三处六个大字，字径五尺。特别是位于盘山景区入口的《入胜》题字，成为盘山景区宣传的标志。傅增湘

---

① 蓟县志编修委员会：《蓟县志》，南开大学出版社、天津社会科学院出版社，1991年，第715页。

② 天津盘山风景名胜区管理局：《盘山金石志》，天津古籍出版社，2013年，第196页。

在《三游盘山记》中，把荣禄题字看作"其隐然寓旋乾转坤之意乎"[1]而周学渊在《万松东岭石上镌荣禄相公捧日二大字》诗写道"但有权谋安女主，却无德业媲梁公。盘山石上镌题遍，捧日空渐二字雄"[2]，似乎描述得更为准确。

另一位是陈国瑞题字。陈国瑞（1836～1882），字庆云，湖北应城人。咸丰年间，因平捻立功，加副将衔。同治年间，赐黄马褂、头品顶戴。后授浙江处州镇总兵。后降都司，勒令回原籍。因牵连论罪，戍黑龙江。光绪八年（1882），卒于戍所。《清史稿》有传。盘山存《一览众山小》《近日》《攒云》《卿云拜佛石》4处摩崖题刻，均位于盘山峰顶的云罩寺附近。

⑥ 地方文人题字

李江（1833～1883），字观澜，别号龙泉山人，蓟县北赵各庄人。咸丰五年（1855），考中举人。同治元年（1862）进士，官礼部员外郎。五年（1866），因病乞归故里，兴义塾。九年（1870）隐居穿芳峪龙泉山。李江著作颇丰，主要有《龙泉园集》12卷。《蓟州人物》有传。盘山留有多处李江题字题记，如云罩寺西的《将军石》、静寄山庄的《响涧》、上方寺的《方开悟界》。另外，李江在同治十一年（1872）与短暂时任蓟州知州的寻銮晋[3]和同为同治年间进士的钱塘濮庆孙游山题记5处，分别有天成寺的"大清同治十一年三月十八日，钱塘濮庆孙、荣禄寻銮晋、郡人李江来游"、万松寺的"荣河寻銮晋、郡人李江来游，清同治十一年三月记"、西甘涧净土庵的"清荣河寻銮晋、郡人李江，同治十一年三月游此题名"、上方寺西架静室的"荣河寻銮晋、郡人李江，同治十一年三月游山至此"和少林寺舍利塔的"清人寻銮晋锡侯、李江观澜自蓟城来游，同治壬申春月"。

⑦ 永宁石氏

东汉时期，外地人口大量流入，县内人口骤增。唐代开始，外地逃荒人口至此落户较多。明代，随燕王扫北、戚继光镇守长城关隘，官兵眷属及外地居民大量移入。清代，随清军入关的官兵眷属及行宫、陵墓建设管理人员不断增加，人口移入愈来愈多[4]。而盘山的外来人口，因"盘之宜于隐固矣，而汉唐以还鸿冥凤逸之士寥寥无几，岂前此地处荒僻，其人韬光葆真，不欲显迹人世，故记传多未之及耶"[5]，相传古有田盘先生自齐来栖迟此山；汉有田畴北归，率宗人入徐无山中，从而徙者五千余家；明有李孔昭独奉老母入盘山；清有崔应魁游心于医，李锴好佳山水，课耕获以食。皆见志载。

永宁石氏，号东村，长白山人。家素贵显，壮岁折节，读书奉母没，移居田盘，作山居诗以见志。永宁石氏的《移居盘山诗》所描绘的"卜宅依山麓，从容亦苟完。编篱三径曲，凿窗一天宽"，"田庐岩径好，处处建招提"，"抱疾停农日，捐书小坐时"，"此际酣高枕，清尊几处同"，"野岸花多致，山泉鱼不肥"，"桑麻秋段段，鸡犬日闲闲"[6]等悠闲的山野田园

① （民国）傅增湘：《三游盘山记》，《艺林月刊·游山专号第二卷》，1931年，第3页。

② （民国）傅增湘：《三游盘山记》，《艺林月刊·游山专号第二卷》，1931年，第18页。

③ 蓟县志编修委员会：《蓟县志》，南开大学出版社、天津社会科学院出版社，1991年，第590页。

④ 蓟县志编修委员会：《蓟县志》，南开大学出版社、天津社会科学院出版社，1991年，第183页。

⑤ （清）蒋溥：《钦定盘山志》卷七。

⑥ （清）蒋溥：《钦定盘山志》卷十四。

生活场景，又是多少文人闲客心中的桃花源记。除了志书记载，清乾隆四年（1739）夏月，永宁东村氏与诸君子为好友西甘涧僧人释法天造生塔，并颂诗以纪事的《永宁题记》，便是盘山移民真实的写照与佐证。

2. 造像

造像1处，位于盘山东路的报国寺遗址前，雕刻龙纹。

（六）民国摩崖石刻

石刻除有明确纪年外，或根据题写人所在年代推定，或根据石刻形制和石刻现状认定的，构成盘山民国摩崖石刻38处。

摩崖石刻主要为题景题记摩崖，如玉田董宪章、深县郑安晋题写的《名山古寺》、许以栗题《招隐》、梁溪王显屏、古潞李芝冈题《遏凡尘》、精阳王恒彬题《真空》、李荣台题《超凡》等。欢喜岭上山路西侧有碑形摩崖1处，圆首，方座，正书竖写"神牛之墓"一行。

1. 文化名人傅增湘题记摩崖

傅增湘（1872～1949），字叔和，号沅叔，别署双鉴楼主人、藏园居士、藏园老人、清泉逸叟、长春室主人等，四川江安县（今宜宾市）人。光绪二十四年（1898）进士，选入翰林院庶吉士。曾任贵州学政、故宫博物院图书馆馆长等。1917年12月至五四运动前，曾入内阁任教育总长。傅氏工书，善文，精鉴赏。尤以藏书为大宗，世所闻名，是现当代著名藏书家。

傅增湘曾于清光绪、宣统和民国期间三游盘山，现存民国二十年（1931）摩崖题记2处，分别是山门"入胜"石北的"辛未季春江安傅增湘三至田盘，回忆光宣旧游，倏逾卅载，杖屦频经，幽寻未遍，志此以俟后缘"和天成寺南的"辛未三月，傅增湘、周学渊、江庸、邢端、周肇祥同游"[1]。

傅增湘三游盘山，出版了《游山专号》，收录游历盘山记文和大量诗文，成为盘山重要史料之一。特别是明清文献中缺乏对千像寺石刻造像的记载，傅增湘在《藏园游记》中，最先记录了千像寺石刻造像，并把造像与统和五年碑文所记的内容联系起来。据《藏园游记》[2]记载，民国二十年（1931）傅增湘游盘山，在万松寺、盘古寺、北少林寺、白峪寺、千像寺、双峰寺、天香寺和盘山山门留下8处题壁，目前仅发现山门1处。8处题壁分别是：①《万松寺题记》："辛未三月既望周学渊、江庸、周肇祥、邢端自天成寺来游，翼云、养庵鼓勇登舞剑台，访李从简题名。余以后至不克从。然余二十年前曾两登之，追忆旧游，同时俊侣零落殆尽，为之慨叹。蜀南傅增湘记。"②《盘古寺题记》："辛未三月十六日，偕周立之、江翼云、周养庵、邢冕之诸君自万松寺逾岭，访智朴青沟禅院故址。圣祖赐诗尚屹立道旁，朱竹坨

---

① 另外在云罩寺挂月峰定光佛舍利塔塔基存宣统三年砖铭1处，未在摩崖石刻统计范围内，内容为："宣统三年四月，江安傅增湘偕天津严宝怡、宝山袁希涛、交河赵象文来游。"

② （民国）傅增湘：《藏园游记》，印刷工业出版社，1995年，第444～446页。

宋牧仲碑记偃卧荒榛野蔓间。余壬寅、庚戌两度来此，犹见智师木主在草屋中，曾有诗纪之，今亦不可觅矣。徘徊感喟，殆不能堪。聊记于此，倘异时好事者能鼎新殿宇，为本山结此一段胜缘则智师有灵，当含笑于常寂光中矣。藏园老人傅增湘记。"③《北少林寺题记》："辛未三月十有七日自天成寺度东西甘涧，经桃源湖，望嶕峣峰，抵上方寺，峰峦秀发，桃李盛开，俄而四山云合，密雨纷飞，坐僧寮候至亭午不霁，冒雨急行下岭，五里抵少林寺，翼云养庵已在寺久待，余及息庵蛰人咸衣履沾濡，淋漓尽致。数年与诸公山游之乐无逾于此行矣。寺门三松雄伟蟠奇，殆为甲观。佛塔龙池浮青澄碧，雨气冥蒙更增妍丽，行当为小诗以志胜游。藏园傅增湘记。"④《白峪寺题记》："辛未三月十八日自天成寺越岭经百草洼至此。雨后山光明秀，禅房幽洁，洵习静之妙区也。同游者秋浦周学渊、长汀江庸、绍兴周肇祥、贵阳邢端，属江安傅增湘记之，回忆辛未来游，已二十一年矣。"⑤《千像寺题记》："偕邢子蛰人、周子无觉经天香感化诸寺，穿行宫东垣抵此，回忆宣统辛亥来游。自南宫门入，步松径至万古云岚，翠屋丹楹，层叠在望。今则鞠为茂草，殿宇拆尽，林木摧残，三百年之胜迹扫地无余，使人感叹。入寺，无畏、翼云已先后去，煮茗小坐，悬石钵徘徊玩眺，寺门外有李仲宣讲堂碑，统和五年立，为前游所未及睹者，又得天庆四年塔记，文字粗可辨识，俟异日遣工椎拓，以备续辽文者有所取资也。藏园居士傅增湘记。"⑥《双峰寺题记》："辛未三月十八日自天成寺历白峪、黑峪、田家峪到寺，石瘦云寒，奇松揖客，登楼凭眺，煮茗而去，同游者周养庵、江翼云、周无觉、邢蛰人，题记者藏园居士傅增湘也。溯辛亥四月之游也，已二十余年，自顾雪鬓盈头，岁周花甲矣。"⑦《天香寺题记》："辛未三月十九日偕秋浦周学熙、贵阳邢端来此抚松。忆光绪壬寅、宣统辛亥两度游田盘未尝入此寺也。藏园居士傅增湘记。"⑧《三游盘山题名》："辛未季春江安傅增湘三至田盘，回忆光宣旧游，倏逾卅载，杖屦频经，幽寻未遍，志此以俟后缘。"

2. 陈兴亚题记摩崖

陈兴亚是民国期间盘山摩崖题刻最多的人。陈兴亚（1882～1959），字介卿，辽宁海城县（今海城市）人。清末举人，光绪三十三年（1907），日本振武学校陆军宪兵练习所士官班毕业。1920年直皖战争后，投靠了张作霖，出任国务院咨议兼京师宪兵司令。1922年，直奉战争爆发，张作霖败回关外，陈兴亚随之回到东北，出任东北（奉天）宪兵司令。1924年第二次直奉战争爆发，奉军入关，陈兴亚于1926年调任京师警察总监，后升为陆军中将。1928年归东北，任国民革命军东北边防军宪兵司令。九一八事变后，陈兴亚辞去宪兵司令，任北平绥靖公署参事，不久，即在北京闲居。陈兴亚抱病赋闲期间，游历京津及江南，留下很多题刻题记，如北京上方山云水洞、妙峰山碧霞元君庙、潭柘寺、千灵山、温泉显龙山等，时间集中在民国二十一年至二十三年（1932～1934）①。赋闲期间的1932年，陈兴亚游历盘山。目前存山门北的《四正门径》和《陈兴亚等同游题记》、天成寺的《幽境》、万松寺的《听涛》、上方寺的《陈兴亚题记》、千像寺的《东方极乐》和双峰寺的《陈兴亚题记》共7处摩崖题刻，而少林寺

① 北京石刻艺术博物馆：《北京地区摩崖石刻》，学苑出版社，2010年。

南的《民国壬申六月陈兴亚游此及古中盘》和云罩寺的《摘月排云》已不存①。

3. 抗日标语摩崖

盘山共存有抗日标语10处，有9处集中在盘山水库大坝下的石趣园内，分别是①"中国人不打中国人"②"给日本作事最可耻"③"欢迎满洲队参加抗日军"④"你听东北上哭哪冷啊饿呀"⑤"反正过来的有重赏"⑥"誓雪国耻"⑦"打倒日本"⑧"抗战到底"和⑨"中国人不给日本人作事"，其中"打倒日本"的"本"字倒刻。另在盘山东路上方寺附近存1处，内容为⑩"誓死消灭日本鬼子"。标语虽体量不大，字体刻画也较为仓促和简单，但笔力苍劲，文字朴素，彰显抗日决心和抗日军民的心声，是弥足珍贵的抗日战争实物史料。

《盘山志》中著录的抗日标语有8处②，除上述①至⑦相同外，另有"欢迎满洲军兄弟投诚反正"1处。《盘山金石志》③和《蓟县文物志》④著录标语数量与内容一致，均为10处，在包含以上8处的情况下，增加第⑧和"反对杀人放火的日本强盗"。此次调查标语⑨和⑩为新发现的2处，盘山的抗日标语总数应为12处，而之前志书所记的"欢迎满洲军兄弟投诚反正"和"反对杀人放火的日本强盗"没有找到。

摩崖标语没有明确纪年，《盘山金石志》没有标注纪年，《天津市盘山志》和《蓟县文物志》都记载是1940～1941年。摩崖标语的题刻者，三志书都记载为"八路军十三团政治部（宣传队）"。抗日标语是根据不同时间形势的变化，宣传侧重点的需要，以及想要达到的目的来题刻的，从标语文字内容看，至少可分为二个阶段。如"你听东北上哭哪冷啊饿呀"，描述日军占领东北，东北人民生活在水深火热之中；"欢迎满洲队参加抗日军"、"中国人不打中国人"、"给日本作事最可耻"、"中国人不给日本人作事"和"反正过来的有重赏"，是在提醒、召唤与告诫给日本人做事的伪军、伪政府人员回头是岸，因此，上述标语应该在1931年日军发动九一八事变之后，直到1937年"七七事变"之间，时间较早。而"誓雪国耻"、"抗战到底"、"打倒日本"和"誓死消灭日本鬼子"等标语，表现的是誓死抗战的决心和抗战胜利的信心，应该是全面抗战开始到抗战胜利之间，时间应该较晚些（后文著录未按此细分）。

4. 剿匪题记摩崖

民国期间，京津冀地区匪患猖獗。《益世报》1922年11月15日，还特别刊载了顺直省议院米逢吉"根本治匪方略之提案"⑤，"提议根本治匪方略，须民自为谋"，提案虽未切时弊亦不

① 天津盘山风景名胜区管理局：《盘山金石志》，天津古籍出版社，2013年，第129、274页。赵海军主编：《蓟县文物志》，天津人民出版社，2014年，第244页。

② 天津市地方志编修委员会办公室、天津市蓟县盘山志编修委员会：《天津市盘山志》，天津社会科学院出版社，2006年，第64页。

③ 天津盘山风景名胜区管理局：《盘山金石志》，天津古籍出版社，2013年，第157～160页。

④ 赵海军主编：《蓟县文物志》，天津人民出版社，2014年，第246页。

⑤ 天津市地方志编修委员会办公室、天津图书馆：《益世报·天津资料点校汇编一》，天津社会科学院出版社，1999年，第1403页。

可行，但也反映了当时的匪患情况，以及治匪的迫切性。

《剿匪题记》位于万松寺前的摩崖石壁。石刻题写盘山景致幽雅，为京东第一名胜。民国十四年（1925）春，被蓟州当地土匪盘踞，致使名胜之区变为盗贼渊薮。京兆守备队第五路司令王光耀、副官刘岐、书记官简文雍等奉命上盘山剿匪，一举将该伙土匪肃清，使盘山原有状态和秩序得以恢复。撤兵离去之际留此题记。这是盘山唯一的剿匪题记，在全国的摩崖石刻中亦不多见。

就在上述摩崖题记的当年，清剿盘山土匪几个月之后，《益世报》1925年9月24日报道："京兆属之蓟县，山深林密，向称多匪之区，历年匪患架票掠劫，民不堪命。幸自驻防守备队刘司令到蓟剿捕，匪始敛迹，居民得以安枕。不意今年秋以民选舞弊案，双方寻殴，牵及刘司令，竟尔撤差。土匪闻讯，乘机思逞，前于阴历七月二十八日，黄土庄大庙有土匪数十人，盘据其中，时出抢动架票。守备队群龙无首，逡巡不进。保安队及巡警等本无剿匪能力，但迫于职责，勉强往剿，致被匪人击毙二人、伤二人。匪众散于各处，仍抢劫如故。蓟民何辜，遭此荼毒？深望当局者为人民计，留用贤能，以清匪患，地方幸甚。"[1]民国《蓟县志》也记载，1927年蓟县匪势猖獗，每天都有绑票勒赎案发生，风鹤皆惊，夜不安枕[2]。可见，这一时期蓟县一带的土匪之众多，盘踞之时久，气焰之猖獗。亦可见时局之动荡，政府之无能，百姓生活之难安。

1928年前，蓟县处在北洋军阀的统治时期，京兆守备队应隶属直系或奉系军阀的某支武装。

（七）年代不详摩崖石刻

无法认定年代的摩崖石刻共9处。

《佛》字3处，一处位于瑞云庵遗址上院东北孤石上的佛字，下有莲花座托捧。位于莲花岭西御道南侧有二处"佛"字，字径较小的"佛"字倒置。另有《天风云鹤》《仙人桥》《念佛》《无量寿佛》《龙池》《忘瀑水》《佚名题字》等几处。

---

① 天津市地方志编修委员会办公室、天津图书馆：《〈益世报〉天津资料点校汇编一》，天津社会科学院出版社，1999年，第1467页。

② 民国《蓟县志》，成文出版社印行，第147、148页。

盘山摩崖题刻

唐·李从简题舞剑台

开成五年（840）前

　　位于万松寺西，舞剑峰顶（即舞剑台），保存较好。坐标40.05.25，117.15.14。题字竖写二行，字径20厘米，正书。

　　【注】李从简，唐文宗开成（836～840）初为左金吾卫将军，兼御史中丞，贬复州刺史。善书，尤工大字。

　　万松寺：旧名卫公庵，西有舞剑台。庵始建年代不详，明万历四年（1576），僧普照卓锡于此，导人修净业。明崇祯中，僧胜云重修。清康熙四十四年（1705），僧祥庆又新之。后敕改万松寺。清乾隆十年（1745），赐金缮葺。今重修。

李从简曾游李靖舞剑台

辽·千像寺石刻造像群

统和五年（987）前

位于官庄镇联合村北500米。面积达15万平方米。造像位于盘山侵蚀丘陵区的浅山与平原交接地带，石刻造像分布相对集中，主要分布在寺后西北、东北部，寺前西南、东南部。迄今已在124处地点发现535尊线刻造像，保存较好。遗址中心坐标40.05.40，117.17.12。造像均以阴线刊刻在花岗岩质的巨大孤石或崖壁上，依岩石的形状布局，或单尊或成辅，数目不等，成辅造像间存在组合关系。佛像或立姿，或坐姿；或一石单尊，或一石多尊。佛像高1.5～2米，有释迦牟尼佛、大日如来佛、药师佛、弥勒佛、观音菩萨、地藏菩萨及其弟子等菩萨像。面部朝向千像寺，体态挺拔，衣纹疏朗。佛像额前肉髻与发髻之间的髻珠为椭圆形，菩萨多戴宝冠，佛座多为仰莲座和须弥座，或结印，或手持法器。2003～2004年，天津市文化遗产保护中心对千像寺遗址佛造像群进行全面专项调查。2006年，千像寺石刻造像群被国务院公布为第六批"全国重点文物保护单位"。

【注】未作详细调查。照片由刘健提供。

千像寺：一名祐唐寺，唐开元中建，辽统和五年（987），希悟大师重修。明正统中，僧行明重葺。清乾隆十年（1745），敕修大殿。现为遗址。

金·带川题—盘山古迹

大定七年（1167）八月二十日

　　位于盘山东路，少林寺遗址东南方约200米，蓟砖路东侧距路面约20米崖壁，保存一般。坐标40.05.35，117.16.46。题字横写一行，字径65厘米，隶书。

【注】《说盘》：小蟒石其东峭壁刻"盘山古迹"四篆字，旁书"带川题"。

　　少林寺：旧名法兴寺。元至元十九年（1282），道士张志格等游盘山居于此，易其名为栖云观。至正中，改为北少林寺。明成化五年（1469），宝峰德聚禅师重修。嘉靖六年（1527）又修。清康熙中，僧本住再葺。乾隆十年（1745），敕修大殿。今重修。

盘山古迹

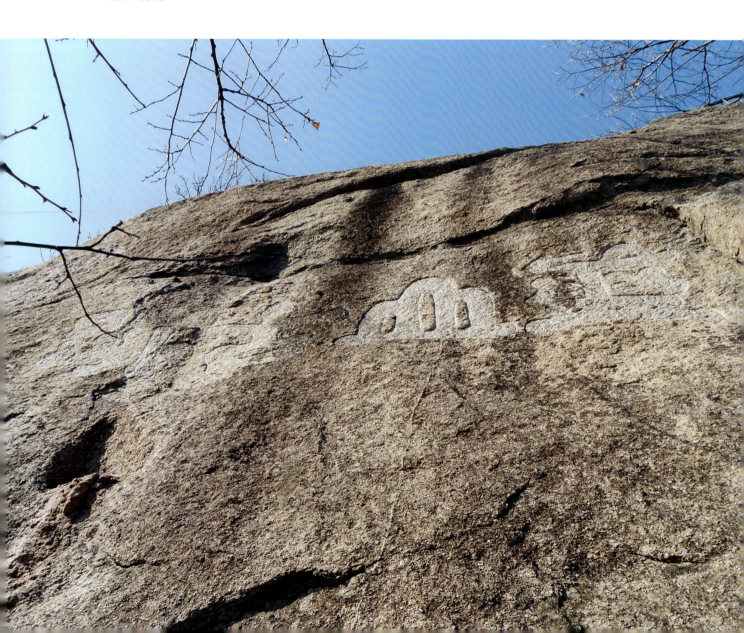

金·带川题—红龙池

大定七年（1167）八月二十日

位于盘山东路，少林寺遗址东，舍利塔塔基下"红龙池"北巨石石壁上，保存较好。坐标40.05.32，117.16.40。题字竖写一行，字径70厘米；落款竖写二行，隶书。题字旁线刻龙纹，填朱，两角三爪，头下尾上，高约3米，宽约2.6米。

【注】红龙池有泉未枯，池西新建少林寺大殿。

　　智朴《盘山志》：在少林寺东石壁"红龙腾跃"，水旁"红龙池"。

红龙池

带川隶

大定七年八月廿日

明·三佛石纪事碑形摩崖

成化四年（1468）五月十一日

　　位于上方寺寺南路旁巨石，石风化严重，漫漶不清，保存较差。坐标40.06.09，
117.16.36。碑形摩崖分三块，圆首，莲座，上各雕刻一"佛"字。行数不详，字径3厘米，
正书。

【注】上方寺：在蟆峭峰东，唐大和二年（828），僧道宗结茅于此。清乾隆十七年（1752），赐帑修
建。今重修。

　　……大善人宋庆等，于成化四年五月十一日，众信人等□凡款一千双□□蓟州盘山上方
寺普散诸山大德僧众。余将各善人花名开列于后（编者按：人名辨识困难，略）。大明
成化四年五月十一日吉。石匠陈大□。

明·于觉甫、卢雍游山题记

正德十年（1515）十二月二十九日

位于上方寺东南山路旁崖壁，石风化严重，文字漫漶不清，保存较差。坐标40.06.07，117.16.38。题记竖写五行，字径20厘米，正书。

【注】于范（生卒不详），字觉甫，山东郓城人。明弘治十八年（1505）进士，初任河南辉县知县，调任浙江嘉兴知县。入京为户部主事，升员外郎中，继升郎中。曾管理蓟州边储，改革旧日弊端。后升任河南知府，抵制权贵豪绅。又任广西浔州知府。著有《廪生文集》传世。

正德十年十二月廿九日，
监察御史古吴卢太师、
户部郎中郓城于觉甫同游。

明·卢雍、于觉甫等游盘山题记

正德十年（1515）十二月二十九日

位于盘山东路，少林寺遗址东，舍利塔塔基下"红龙池"北巨石石壁上，保存较好。坐标40.05.32，117.16.40。题记竖写五行，字径13厘米，隶书。

【注】卢雍，字师邵，江苏人。明武宗正德六年（1511）进士，授监察御史。武宗北巡宣按，欲建行宫，雍上书谏，罢役。正德十三年（1518）以监察御史巡抚四川，有惠政，曾至阆。后迁四川提学副使，未到任，卒。著有《古园集》。智朴《盘山志》有载。

正德十年十二月二十九日，

户部郎中于觉甫拖子同登上盘，既下，小憩池上因题。

监察御史古吴卢雍师邵记。

明·闻人铨题—盘山

嘉靖十年（1531）

　　位于上方寺西礁峣峰顶悬空石上，保存较好。坐标40.06.08，117.16.29。题字榜书，竖写一行，题款竖写四行，字径不详，正书。

　　【注】闻人铨，字邦正，余姚（今浙江）人。明嘉靖进士，授宝应县知县，迁御史，巡视山海关，后为南京提学御史。官至湖广按察司副使。曾从学外兄王守仁。校刻"五经"、"三礼"、《旧唐书》行世。著有《南畿志》64卷，采总志、分志之法，开各省通志之先河。另有《东关图》《芷兰集》等。

　　《钦定盘山志》："悬空石在西架静室后，广数寻，纵更倍蓰，缀绝壁间，大半覆出空外，其前陡峻，不容趾，游者或纤道出其背，惴惴然不能驻足。"

　　《说盘》："悬空石，在礁峣峰上方寺之西，当西架静室后。大逾数寻，陡百丈，似无依倚者。仰而视之，欲堕。又：悬石亭在悬空石上，戚南塘（继光）创建，亦称凌云台。"

闻人子铨、董汝霖、康三河同游，
见是石奇之，□辟谷王公大田公，请识如左。
盘山
余姚闻人铨题
嘉靖辛卯本路参将萧升督

明·彭泽题—仙台

嘉靖二十八年（1549）

位于上方寺东南山路旁石壁，保存一般。坐标40.06.07，117.16.38。题字横写一行，字径70厘米；上下款竖写二行，正书。

【注】智朴《盘山志》有载。

彭泽，字济物，兰州人。《明史·列传第八十六》弘治三年（1490）进士，授工部主事，历刑部郎中。出任徽州府知府。正德初年，改任真定府知府。迁任浙江副使、历河南按察使。擢任右金都御史，巡抚辽东。进升右副都御史，改任保定，未赴。平乱功成，晋升右都御史、太子少保，荫子锦衣世百户。代理总督川、陕诸军，讨伐四川叛军。进升左都御史、太子太保。嘉靖元年（1522），起彭泽兵部尚书、太子太保，整顿军队，兵政一新。后受劾罢官为民，居家郁郁数年而亡。隆庆初年，恢复官职，赐谥：襄毅。

嘉靖己酉□□

仙台

彭泽□□□书

明·彭泽等题记

嘉靖二十八年（1549）六月

位于上方寺东南约100米，"佚名题诗二"上方石壁，石断裂，保存一般。坐标40.06.07，117.16.38。题字竖写五行，字径10厘米，正书。

明嘉靖己酉伏月，
都御使彭泽、陶钦皋郎中、固安段练同游上盘题此。

明·佚名题记

嘉靖二十九年（1550）

　　位于上方寺西架静室西崖壁，保存较差。坐标40.06.07，117.16.31。题记竖写五行，字径10厘米，正书。

【注】西架静室：在上方寺西。清康熙中，僧通起重修。现为遗址。

明嘉靖庚戌□□六日□□
工王总金事□□御史□一
郎□固安□□同登。

明·佚名题记

嘉靖四十二年（1563）正月二十五日

位于瑞云庵遗址下院山路旁，保存一般。坐标40.05.34，117.17.32。题记竖写二行，字径14厘米，正书。

【注】照片仅见"嘉靖四十二年正月二十五日"，"开拓此道"四字，依《盘山金石志》补。

瑞云庵：又名老爷庵。在千像寺西。始建岁月无考。金大安中重修。清乾隆中，移建于山麓斋堂禅室。现为遗址。

嘉靖四十二年正月二十五日，开拓此道。

明·刘应节题—天门开

隆庆四年（1570）前

　　位于云罩寺东南，上方寺西，嶕峣峰顶悬空石东侧绝壁，保存一般。坐标40.06.08，117.16.29。题字竖写一行，字径150厘米；落款竖写一行，正书。

　　【注】《明史·列传第一百零八》：刘应节（1517～1591），字子和，号白川，潍县（今山东省潍坊）人。明嘉靖二十六年（1547）进士，授户部主事。历井陉兵备副使，兼管三关。嘉靖四十三年（1564），以山西右参政擢右佥都御史，巡抚辽东。隆庆元年（1567），起抚河南。后代理顺天巡抚。隆庆四年（1570），进右副都御史，巡抚如故。旋进兵部右侍郎兼右佥都御史，代理总督蓟、辽、保定军务。停止永平、密云、霸州采矿。兴修漕运。万历元年（1573），进右都御史兼兵部右侍郎。又进南京工部尚书，召为戎政尚书，改刑部。被劾去官。卒赠太子少保。

　　《钦定盘山志》："天门开在白猿洞上，两峰对立云表若双阙，左碍巨岩石，右临绝壑，径路危阻必扪萝附葛以登，故至者恒鲜。"

天门开
北海刘应节题

明·蔡如蕙题—长春洞

万历年间（1573～1619）

　　位于盘山景区山门东侧，石趣园西侧，路北山上先师台招提寺遗址前石壁，保存较好。坐标40.04.58，117.16.31。题字竖写一行，字径70厘米；落款竖写一行，正书。

【注】招提寺：在先师台上，相传黄龙禅师重修处。明万历十八年（1590），蔡如蕙重建殿宇，以奉大士。现为遗址。

　　智朴《盘山志》："蔡仲子，字如蕙。好施与利物，盖有古燕赵感慨之遗风。"

长春洞

蔡如蕙书

明·蔡如芝题—先师台

万历年间（1573~1619）

　　位于盘山景区山门东侧，石趣园西侧，路北山上先师台招提寺遗址前石壁，保存较好。坐标40.04.58，117.16.31。题字竖写一行，字径100厘米；落款竖写一行，正书。

先师台
蔡如芝书

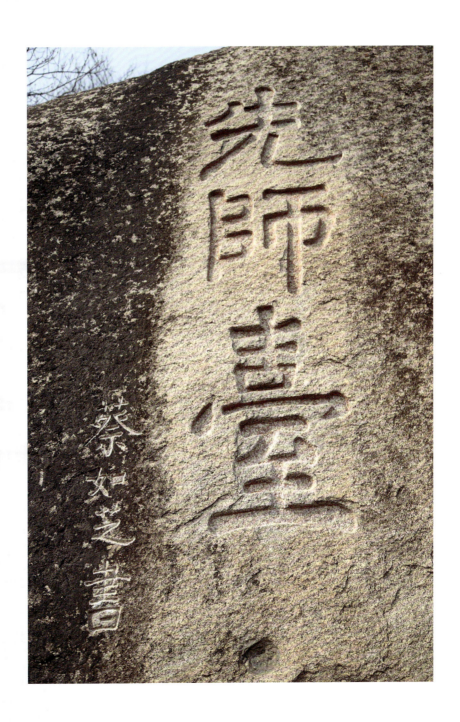

明·月空题—瀑泉

万历年间（1573～1619）

　　位于盘山景区山门东侧，石趣园西侧，路北山上先师台招提寺遗址前石壁，保存较好。坐标40.04.58，117.16.33。题字竖写一行，字径80厘米；落款竖写一行，正书。

瀑泉
月空

明·李茂时题—奇观

万历年间（1573～1619）

位于盘山景区山门东侧，石趣园西侧，路北山上先师台招提寺遗址前石壁，保存较好。坐标40.04.56，117.16.31。题字竖写一行，字径30厘米；落款竖写一行，隶书。

奇观
李茂时书

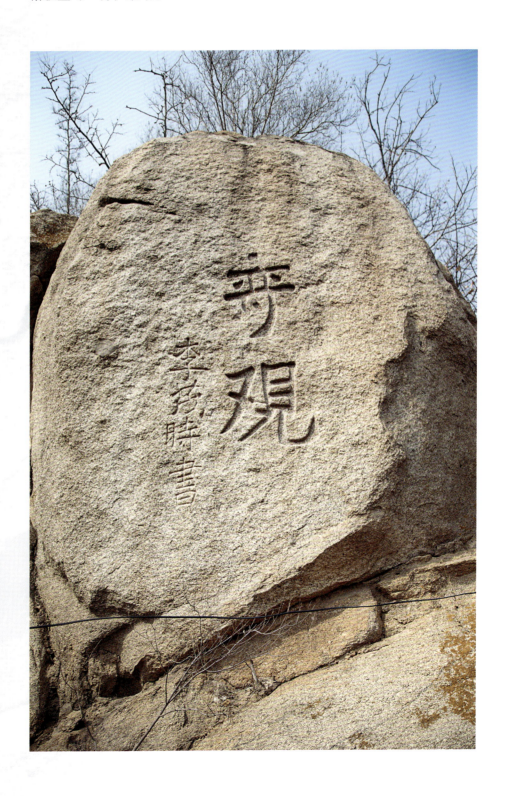

渔阳独控
陶有学书

明·陶有学题—渔阳独控

万历年间（1573～1619）

位于盘山景区山门东侧，石趣园西侧，路北山上先师台招提寺遗址前石壁，保存较好。坐标40.05.00，117.16.31。题字横写一行，字径80厘米；落款竖写一行，正书。

明·云峰题—楞严台

万历三十一年（1603）

　　位于盘山西麓法藏寺前路旁石壁，保存一般。坐标40.05.48，117.15.21。题字横写一行，字径80厘米；上下款竖写二行，正书。

【注】武陵：郡名。汉改黔中郡为武陵郡，治索。东汉荆州武陵郡，移治临沅。晋因之。南宋郢州武陵郡，治临沅。南齐郢州武陵郡，治沅陵。隋荆州武陵郡，治武陵。唐改朗州。

　　法藏寺：旧名茶子庵。明成化中修。清康熙中，僧养心又修。乾隆十九年（1754），奉敕修殿。今重修。

武陵云峰书
楞严台
万历癸卯

明·佚名题—大方广

崇祯十七年（1644）前

　　位于上方寺西，龙凤庵遗址石基石壁上，保存一般。坐标40.06.03，117.16.26。题字分别刻于石壁东、南和西三面，字径2600厘米，正书。

【注】智朴《盘山志》："龙凤庵始建岁月无考，在上方寺西南，块石为基，基阔二丈五尺，高一丈五尺，刻大方广三字，字径八尺。"

大方广

明·佚名题诗一

崇祯十七年（1644）前

　　位于上方寺钟楼址东北崖壁，风化严重，文字漫漶，保存较差。坐标40.06.09，117.16.36。题诗竖写十行，字径5厘米，草书。

【注】智朴《盘山志》《钦定盘山志·艺文》均载录。

秋风黄叶□危崖，远上盘山石磴斜。
君昔有言归李愿，山今无语只楞伽。
高峰蔽日云霄上，古刹凌空岁月赊。
□□倚栏□□□，老僧□锡□□□。

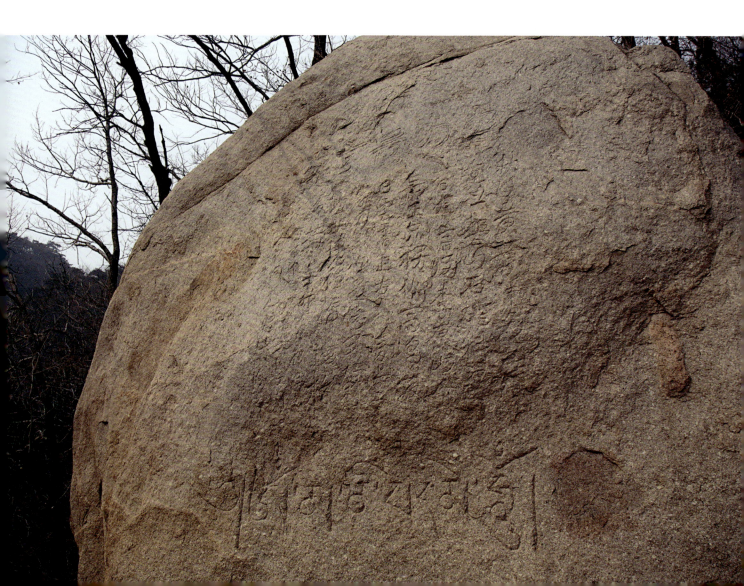

明·佚名题诗二

崇祯十七年（1644）前

位于上方寺东南约100米，石风化严重，字迹漫漶不清，保存较差。坐标40.06.07，117.16.38。题诗竖写八行，字径8厘米，草书。

【注】此处题诗与《明·佚名题诗一》同在上方寺区域，且书法风格相近，可能出自同一人之手。

巨石□□□径远相秀□□□年游奇峰□□□□之上方□□□□松梅芳□□□□甘立开禅□□□□月风林……秋……上方寺。

明·扬成题记

崇祯十七年（1644）前

位于盘山东路，报国寺遗址北侧崖壁，保存一般。坐标40.06.00，117.17.00。题记竖写二行，字径10厘米，正书。

【注】报国寺：元至元中圆悟赈禅师重修。今无存。

署针工局事内官监
太监调御马监太监扬成
四月初十到

明·佚名题—法船石

崇祯十七年（1644）前

位于盘山西麓法藏寺东南约50米孤石，保存一般。坐标40.05.45，117.15.23。题字横写一行，字径50厘米，正书。落款漫漶不识。

法船石

明·佚名题—千圣洗钵池记

崇祯十七年（1644）前

位于千像寺遗址东井内石壁，保存一般。坐标40.05.25，
117.17.47。题字竖写二行，字径24厘米，正书。

【注】智朴《盘山志》：相传契真大师于此见千僧洗钵，故名洗钵
池。后人题千圣洗钵池记于石壁，康熙中挖为水井。

照片由盘山风景名胜区管理局提供。

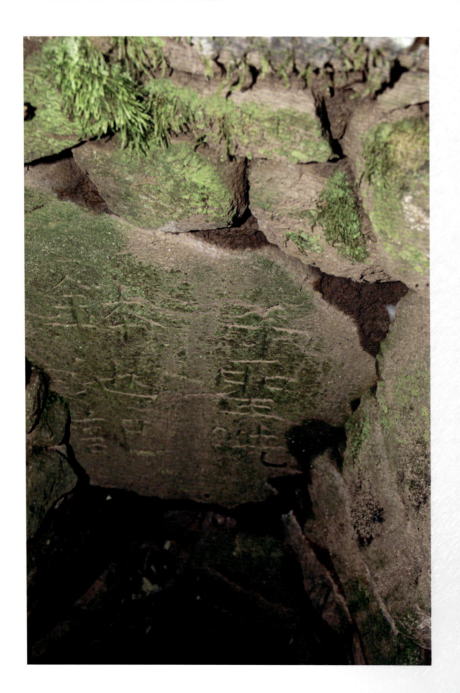

千圣洗钵池记

明·契真洞佛像

崇祯十七年（1644）前

　　位于千像寺遗址北侧，契真洞洞内石壁，保存较好。坐标40.05.25，117.17.16。佛像为浮雕"无量寿佛"一尊，高200厘米。

明·佚名—上方寺大方广佛像

崇祯十七年（1644）前

位于上方寺东，主路右侧崖壁，保存一般。坐标40.06.14，117.16.39。佛像线刻，坐于仰莲上，高100、宽110厘米。莲座下呈碑形，额题"流芳万古"，下横写题"大方广佛华严经"，并竖写题"若人欲了知，三世一切佛。应观法界性，一切为心造"四句经文。

《钦定盘山志》卷十六：刻大方广华严经，又刻"若欲人了知，三世一切佛。应观法界性，一切惟心造"。字画具古雅，摩崖岁月无考。其中首句"人欲"二字，顺序颠倒。

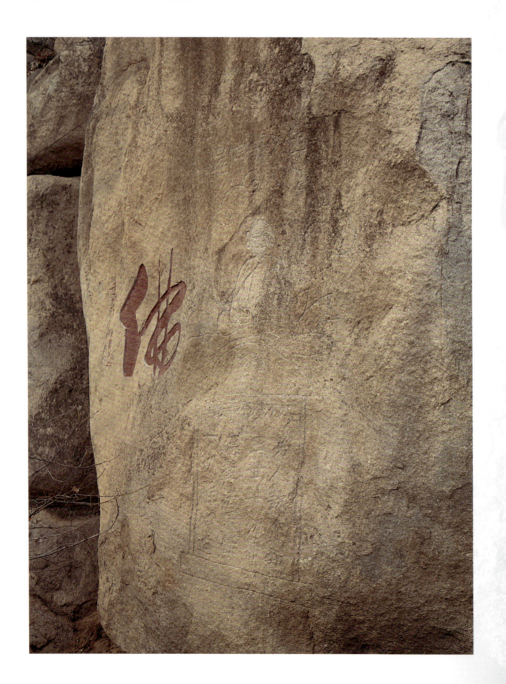

明·古中盘佛画像一

崇祯十七年（1644）前

位于盘山东路、古中盘塔林遗址南入口西侧石壁，保存一般。坐标40.05.38，117.16.26。佛像坐姿，高85、宽60厘米；线刻。莲座下题字五行，风化严重，无法辨识。

明·古中盘佛画像二

崇祯十七年（1644）前

　　位于盘山东路，古中盘遗址山路南石壁，"万象回薄"崖壁对面，保存一般。坐标40.05.38，117.16.17。佛像为站姿，二尊，高约50、宽约25厘米，线刻。

明·古中盘佛画像三

崇祯十七年（1644）前

　　位于盘山东路，古中盘遗址"万象回薄"崖壁西侧，保存较差。坐标40.05.39，117.16.16。佛像高约74、宽45厘米，线刻。题字风化严重，漫漶无法辨识。

清·佚名题记

康熙九年（1670）

　　位于云净寺遗址古坝台台基南侧基石上，距现地面约4米高，保存一般。坐标40.06.15，117.17.31。题记竖写三行，正书。

【注】云净寺：又名净业庵。明万历中，蔡来峰建。崇祯中，僧无暗重修。清扩基址而新之。清康熙四十三年（1704），改云净寺。乾隆十五年（1750），奉敕重修。原存大安年经幢，疑为辽金时期旧址。现为遗址。

信此□尼理□，大清康熙九年吉日立。

文殊智地

智朴题，虞世璎书。

清·智朴题—文殊智地

康熙二十二年（1683）前

位于盘谷寺遗址南约400米沟内，文殊洞洞额清凉石上，保存较好。坐标40.05.30，117.16.00。题字横写一行，字径50厘米，正书。右侧题刻"智朴题"，左侧题刻"虞世璎书"，字径7厘米，正书。

【注】《钦定盘山志》载："盘谷寺，即青沟禅院。清康熙十年（1671），僧智朴建。十七年（1678），康熙帝幸临，敕赐盘谷寺。"《中国佛学人名辞典·附录》（比丘明复编，中华书局，1988年，第120页）亦载："青沟禅院位于蓟州盘山东路，古称盘谷寺。明弘治中重建，易今名。"

《钦定盘山志》：智朴，字拙庵，俗姓张，徐州人。最早得法青龙百愚和尚，为洞宗第三十世。清康熙十年（1671），在盘山结茅，创青沟禅院。历10年修纂完成《盘山志》。卒葬盘谷寺东北，乾隆七年（1742），赐进士第。《中国佛学人名辞典》（第381页）载："智朴，明崇祯时服武职官。明亡弃家为僧。能绘树木鸡犬之属，不遵成规，别具一格，以禅味胜，得者珍之。日本人尤为爱重，推为神品。"

虞世璎（1598～1683），字虞山，又号寄园，昆明人。明季诸生，授光禄寺署正，供奉内廷。康熙时官至通政司右参议。工书法。

清·汪仁溥题—涓涓泉

乾隆二年（1737）

位于天成寺大殿后翠屏峰（旧志称：木灵峰）下泉井侧，保存较好。坐标40.05.08，117.15.35。题字横写一行，字径13厘米；落款竖写二行，正书。

【注】汪仁溥，号雨亭，绍兴山阴人。

天成寺：旧名福善寺，又名天成福善寺，也称"天成法界""寺门有楼"。天成寺始建于唐，辽、明、清均曾扩建重修。抗日战争期间被毁。20世纪七八十年代重修。

涓涓泉

丁巳初春，汪仁溥题。

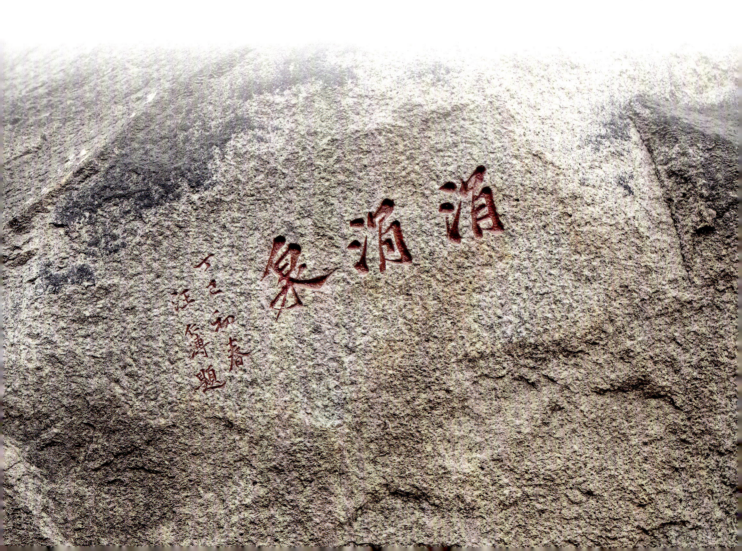

清·永宁题记

乾隆四年（1739）

位于西甘涧法天恒公和尚塔后崖壁，保存一般。坐标40.05.17，117.15.58。题记竖写十二行，字径10厘米，正书。

【注】《钦定盘山志》："石永宁，号东村，长白山人。家素贵显，壮岁折节，读书奉母。孝母没，移居田盘。"

西涧释法天，吾之莫逆交也，契三十载如一日。其所与游皆志古者，戊午春，诸君子为师造生塔，刻铭文诗颂其下，臻一待之□已诗曰：冬之夜，夏之日，百年之后，归于其室。吾赠之以此云。大清乾隆四年夏月，白山□弟永宁东村氏志。

清·弘历题《题天成寺江山一览阁》诗

乾隆七年（1742）九月

位于天成寺大殿后，翠屏峰绝壁南面，保存较好。坐标40.05.08，117.15.35。题诗竖写八行，字径不详，行书。

明发陟山巅，天门辟晓烟。翠华随日转，缇骑带云旋。

野色供清眺，松声答响泉。重登兰若阁，题句忆前年。

乾隆壬戌秋九月既望御题。

清·弘历题《登盘山作》诗

乾隆七年（1742）九月

位于万松寺东，御路入口上行约100米路旁石壁，保存较好。坐标40.05.27，117.15.29。题诗竖写七行，字径13厘米，行书。

金根遥指碧云隈，
磴路林扉迤逦开。
石里流泉闻不见，
烟中飞鸟去还来。
南临蓟野耕桑富，
北枕卢龙关塞恢。
讵比登封夸豫大，
每思山林毓良材。
乾隆壬戌九秋御题。

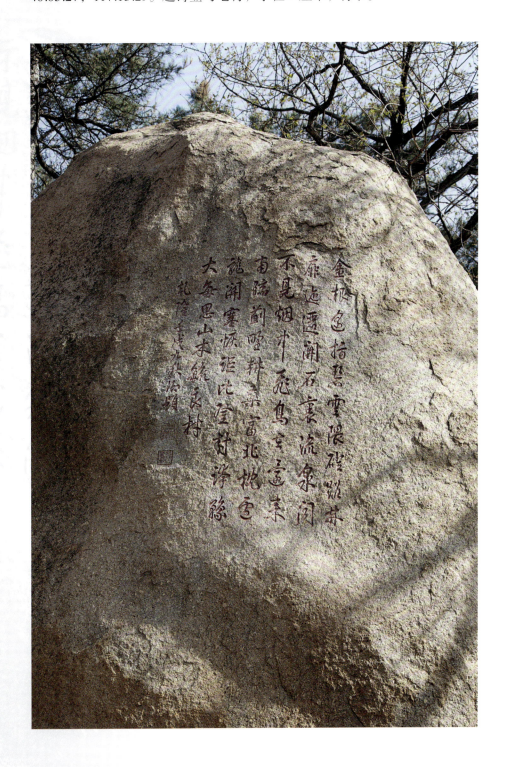

清·弘历题《题李靖舞剑台》诗

乾隆七年（1742）

位于万松寺西，舞剑峰东侧崖壁，保存一般。坐标40.05.25，117.15.17。题诗竖写六行，字径20厘米，行书。

壮士今何在，空余舞剑台。名随流水去，客共白云来。
松韵雄风谡，川明匣水开。几多评古意，清咏久僵徊。
乾隆壬戌□□御题。

清·弘历题《云罩寺作》诗

乾隆七年（1742）九月

位于挂月峰定光佛舍利塔西侧崖壁，保存较好。坐标40.06.14，117.16.07。题诗竖写九行，字径20厘米，行书。

【注】云罩寺：相传为宝积卓锡地，构宇则始自道宗。旧名降龙庵。明万历三十年（1602），敕赐云罩寺。清康熙中，僧通绪重修。清乾隆八年（1743），奉敕重修。今重修。

应接真无暇，山川果有灵。谷烟披乱絮，瀑水泻悬屏。

锦片千章紫，莲花万朵青。徐无最高处，极目偶延停。

乾隆壬戌秋九月御题。

清·弘历题《再题盘谷寺》诗

乾隆七年（1742）九月

位于盘谷寺遗址东南侧180米崖壁，保存较好。坐标40.05.37，117.15.58。题诗竖写十五行，字径17厘米，行书。

盘谷无定名，太行亦有之。是处两山环，不知名者谁。

我来正清秋，万树丹黄姿。间以苍崖松，尤比春林奇。

石磴溜鸣泉，峭崿云四垂。佳景面面殊，图画行行披。

依山辟新径，扫苔看古碑。尘心一以洗，不觉归辔迟。

乾隆壬戌秋九月御题。

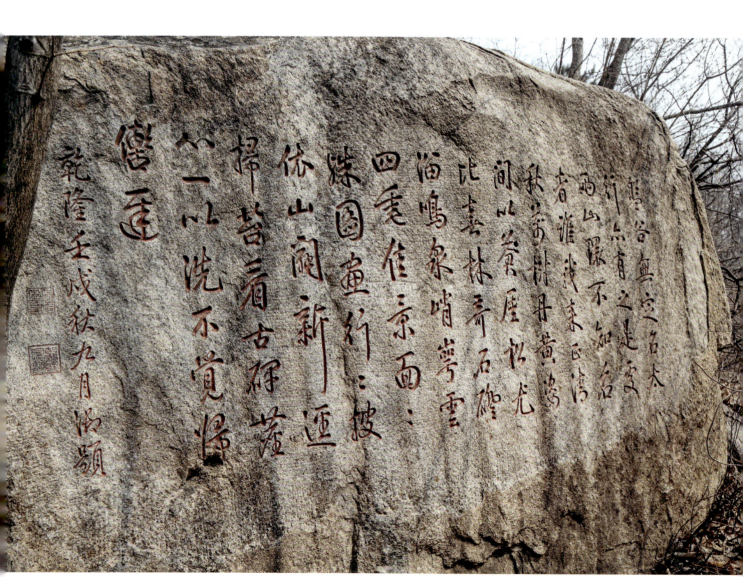

清·弘历题《万松寺三首》诗

乾隆九年（1744）

位于万松寺玉佛殿西北约100米崖壁，保存较好。坐标40.05.24，117.15.22。题诗竖写八行，字径6厘米，行书。

磴道行行赴，峰容面面殊。
来看后凋色，得领小年娱。
谡籁林端泻，蟠虬壁罅扶。
三间白板阁，万里纳徐无。
上方栖碧嶂，松径破烟登。
堪与僧为侣，何劳竹作朋。
涛声将俗远，黛色得云凝。
古迹供诗料，苔碑尚可征。
木落见山容，葱葱色独浓。
有声皆作铁，无我不成松。
写雾衣应湿，盘阴草尚茸。
苾刍无半偈，让尔占高宗。
万松寺三首，御题。

清·慎郡王题—龙象

乾隆十年（1745）

　　位于天成寺大殿西侧"飞帛涧"西北上方约150米崖壁上，保存完好。坐标40.05.07，117.15.24。题字横写一行，字径40厘米；落款竖写一行，行书。

　　【注】龙象：佛教用语。佛教称诸阿罗汉中，修行勇猛有最大力者为龙象。水行龙力最大，路行象力最大，故以龙象为喻，后用以之名高僧。

　　慎郡王：《清史稿·列传七》慎郡王允禧，圣祖（康熙）第二十一子。康熙五十九年（1720），始从幸塞外。雍正八年（1730）二月，封贝子。五月，谕以允禧立志向上，进贝勒。十三年（1735）十一月，高宗（乾隆）即位，进慎郡王。允禧诗清秀，尤工画，远希董源，近接文徵明，自署紫琼道人。乾隆二十三年（1758）五月，薨，予谥（靖），无嗣，以乾隆第六子永瑢为嗣。母熙嫔。《乾隆蓟州诗集》（吴景仁辑注，天津社会科学院出版社，2004年）有乾隆十年（1745）收录《命慎郡王写盘山山色口占诗以赐》和《题慎郡王〈田盘山色图〉六帧》二诗。

龙象
慎郡王书

清·弘历题《东竺庵》诗

乾隆十二年（1747）二月

位于盘山东路，东竺庵遗址巨石，保存较好。坐标40.06.20，117.17.16。题诗竖写十行，字径12厘米，行书。

【注】东竺庵：在松树峪，旧名弥陀庵。清康熙二十五年（1686），僧印祥建。乾隆十年（1745），敕修大殿。现为遗址。

"杏华"，《钦定四库全书御制诗初集卷三十八》作："杏花"。

策骑循羊肠，盘纡历嶕峣。
却望挂月峰，耸入云端遥。
阳阿泉已壮，阴崖雪未消。
精舍枕林楚，蔽亏古木乔。
远闻疏钟声，下见幡影飘。
揽结既云富，仆御亦已劳。
此间泉石佳，小憩山僧寮。
海棠开笑靥，杏华剪绛绡。
未见天女散，得毋谷神要。
问其意云何，报我今花朝。
乾隆丁卯仲春御题。

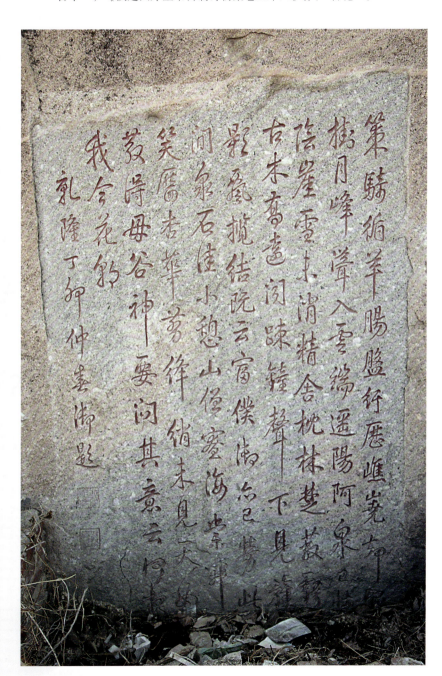

清·弘历题—贞观遗踪

乾隆十二年（1747）前

位于盘山东路石趣园内，水库大坝南，静寄山庄遗址西涧东侧石壁，保存较好。坐标40.05.13，117.16.59。题字横写一行，字径90厘米，正书。

【注】静寄山庄：亦称盘山行宫。清乾隆九年（1744）兴建，十九年（1754）工竣，历时十一年，规模仅次于承德避暑山庄。御题内八景和外八景，后新增六景。现为遗址。

《钦定盘山志》："凉甲石，石势排连莹洁如砥，迤逦下趋势，泉流潺潺啮其趾。"相传唐太宗东征凉甲于此，摩崖篆书"唐文皇凉甲石"六字。

贞观遗踪

清·弘历题《盘山十六景·贞观遗踪》诗

乾隆十二年（1747）

　　位于盘山东路石趣园内，水库大坝南，静寄山庄遗址西涧"贞观遗踪"北侧崖壁，保存较好。坐标40.05.13，117.16.59。题诗竖写七行，字径25厘米，行书。

巨石当其垠，苔泉洒清泚。

遗迹传楷模，在彼不在此。

御题并书。

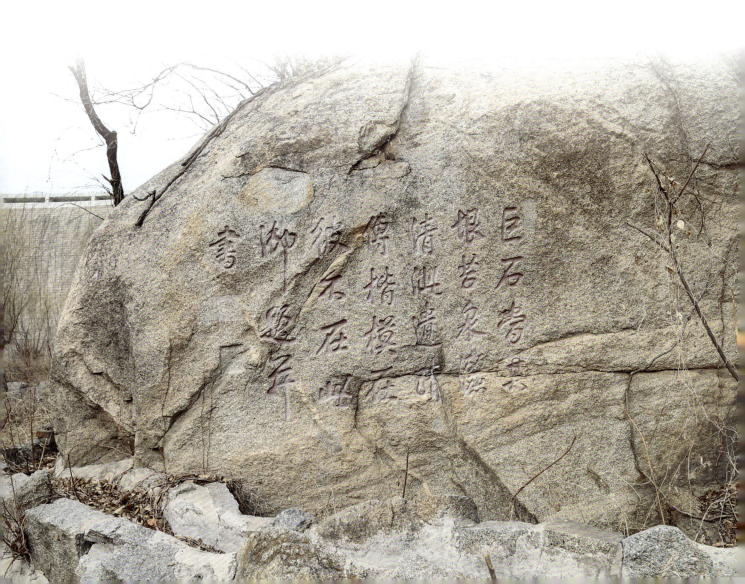

清·弘历题《天成寺》诗

乾隆十四年（1749）秋

　　位于天成寺东御路口郭外青山石牌坊北侧约10米路东侧崖壁，保存较好。坐标40.05.06，117.15.42。题诗竖写七行，字径17厘米，行书。

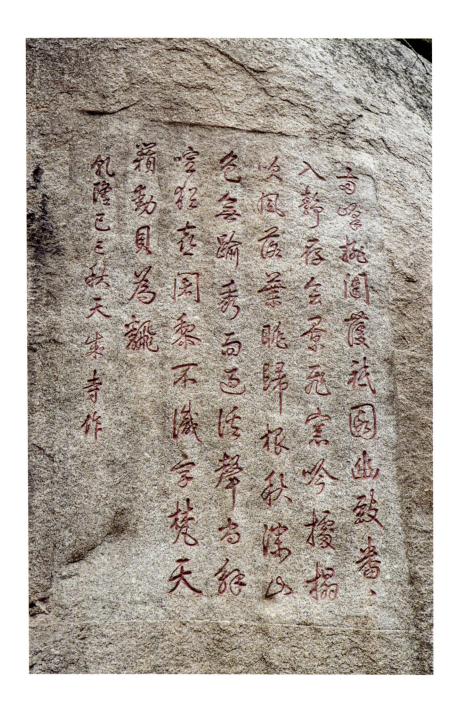

两峰排闼护祇园，
幽致番番入静存。
会景飞窗吟据榻，
吹风落叶眺归根。
秋深山色无逾秀，
雨过溪声尚解喧。
犹喜阇黎不识字，
梵天籁动贝为翻。
乾隆己巳秋天成寺作。

清·弘历题《盘谷寺》诗

乾隆十四年（1749）秋

　　位于万松寺至盘谷寺御路北侧，盘谷寺遗址上方西南，"捧日"石西10米，风化严重，字迹漫漶，保存较差。坐标40.05.32，117.15.50。题诗竖写十一行，字径7厘米，行书。

游山属清秋，秋光吟不足。
峰容秀以整，树态红间绿。
攀跻白玉梯，偃仰青云幄。
天成昈壶天，万松抚仙木。
遂造盘谷盘，宛探曲中曲。
武夷徒曾闻，台怀较知恶。
一窗紫碧岩，四砌黄金菊。
少坐便当去，云罩畅暇瞩。
回头语苾刍，饶尔享清福。
己巳秋日过盘谷寺作，
乾隆御笔。

清·弘历题《登云罩寺定光塔》诗

乾隆十四年（1749）秋

位于云罩寺大雄宝殿西侧石壁，保存一般。坐标40.06.12，117.16.04。题诗竖写七行，字径17厘米，行书。

三度登穹塔，九秋纵远观。目穷寥廓外，身在云霞端。
镇尔天籁发，飒然衣袂寒。宇宙渺无极，吾心与共宽。
己巳秋□御题。

清·弘历题《松》诗

乾隆十五年（1750）

　　位于盘山东麓，静寄山庄遗址石佛山东谷，钱山东下标御道南侧石上，保存较好。坐标40.05.17，117.17.15。题诗竖写五行，字径12厘米，行书。

枕石绿发苍颜，是松不及此间。
求诸古人谁似？黄绮合在商山。
咏松一首，御笔。

清·弘历题《晓游天成寺》诗

乾隆十五年（1750）秋

位于天成寺东御路口郭外青山石牌坊北侧50米，路南侧孤石，石风化严重，保存较好。坐标40.05.06，117.15.42。题诗竖写七行，字径15厘米，行书。

仄蹊晓露湿从兰，秋半金风了不寒。石抱土生奇树瘦，径穿云出小天宽。
暗泉声是东阳乐，翠柏舞为瑶岛鸾。不羡仙都结遐想，每来初地惬清欢。
庚午秋晓游天成寺□，御笔。

清·弘历题《西甘涧》诗

乾隆十五年（1750）

　　位于西甘涧净土庵遗址北巨石石壁，保存完好。坐标40.05.16，117.15.55。题诗竖写十一行，字径25厘米，行书。

【注】西甘涧净土庵：明僧常惠创建。清康熙中重修。现为遗址。

　　迤逦盘藓磴，芬菲递仙药。岭复见云关，花宫隔绝壑。风幡自飘梵，溪桥疑度索。
草庵已幽绝，何必侈雁阁。山僧八十翁，长跪进所作。涉言即失之，奚论意指错。
石室倚绳床，结揽兴遐托。云浆冽亦甘，吾将事洞酌。
乾隆庚午御题。

清·弘历题《东甘涧》诗

乾隆十五年（1750）

位于东甘涧观音庵西北约100米山上巨石石壁，保存完好。坐标40.05.21，117.16.03。题诗竖写十行，字径20厘米，行书。

【注】东甘涧观音庵：不知何时建立。清康熙中，僧重茸。乾隆十四年（1749），敕修并赐额。现为遗址。

西甘路转即东甘，问景聊耽古佛庵。领要何须较冰水，纷投真是拥青蓝。崇情果契妙中妙，禅悦那逢憨者憨。小阁开窗秋宇净，向来吟绪个中函。
乾隆庚午御题。

清·弘历题《憩古中盘精舍》诗

乾隆十五年（1750）秋

位于盘山东路，古中盘塔林遗址南入口西侧崖壁，保存较好。坐标40.05.38，117.16.26。题诗竖写十四行，字径10厘米，行书。

【注】古中盘：即正法禅院。在紫盖峰、莲花峰和毗卢峰之间。相传宝积住静处。清康熙中，僧行乾重为开拓。乾隆十四年（1749），敕有司修缮。

十笏才强万景收，坐来辈几忆前游。云岚朝暮无恒态，况是今秋与昨秋。
林天石海自重重，石鳞霏天花紫茸。风送入窗风拂去，维摩无著著何从。
缭白萦青最上层，鸟飞不到意俱腾。自惊奇句从何得，隐有山灵导我曾。
庚午秋仲憩古中盘精舍作，御笔。

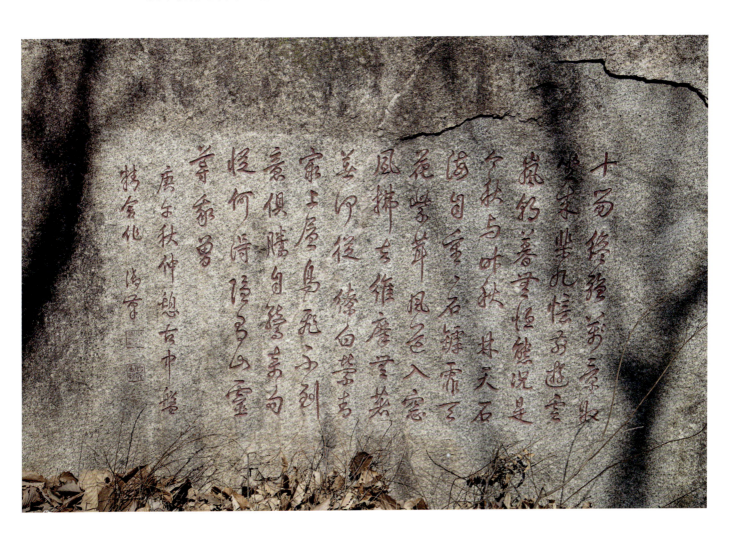

清·弘历题《云净寺题句》诗

乾隆十七年（1752）

位于盘山东路，云净寺遗址北山崖壁，保存较好。坐标40.06.17，117.17.31。题诗竖写六行，字径25厘米，行书。

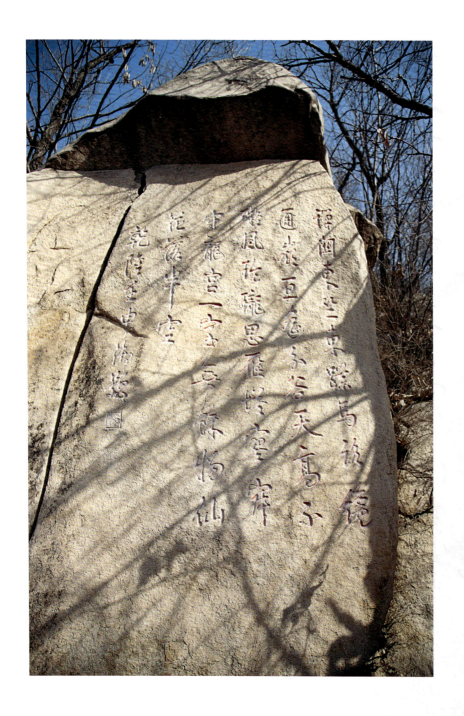

禅关东竺东，蹀马路才通。
岭亘遥分谷，天高不碍风。
玲珑思雁塔，寥寂守龙宫。
一室无余物，仙花落半空。
乾隆壬申御题。

清·弘历题《少林寺》诗

乾隆十七年（1752）

　　位于盘山东路，少林寺遗址东南约100米，蓟砖路西侧约50米入口巨石。巨石被围成羊圈，风化严重，保存较差。坐标40.05.33, 117.16.46。题诗竖写十行，字径6厘米，行书。

【注】诗文依《钦定四库全书御制诗二集卷三十二》移录。

　　我爱田盘惬素怀，丛林往往入幽佳。鸟啼花落禅家旨，云白松青静者谐。有所会心常命笔，无多提句也镌崖。山灵莫笑轻唐突，会使群峰一例皆。

　　壬申御题。

清·弘历题《古中盘放歌》诗

乾隆十七年（1752）

　　位于盘山东路，古中盘塔林遗址西南小路南侧崖壁，市级文物保护标志旁，风化严重，保存一般。坐标40.05.39，117.16.23。题诗竖写十三行，字径7厘米，行书。

【注】诗文依《钦定四库全书御制诗二集卷三十二》移录。

穿石径造盘之阻，宜谁居兮化人所。

初级狭而中宏，遂畅观而延伫。

春卉昌昌，春山苍苍。卉依山古，山含卉芳。

铅华洗尽饶本色，南国犹嫌时世装。

去岁华山跻鸟道，一与田盘较媕婀。

怪予到此又云云，惟喜目前堪绝倒。

岚态峰姿无定则，神心谋静翻为役。

有时落笔数十章，有时一句浑艰得。

清·弘历题《千像寺》诗

乾隆十七年（1752）

　　位于千像寺遗址东南侧巨石，保存较好。坐标40.05.21，117.17.53。题诗竖写十行，字径15厘米，行书。

　　言入翠微峰，遂造初禅地。山深无不佳，草庐亦可憩。
　　幽芳吐瓶花，古篆消香穗。指挥开窗户，飒然清风至。
　　万景纷向参，一惟领以意。
　　壬申御题。

清·弘历题《万松寺》诗

乾隆十七年（1752）

位于万松寺前，骆驼石北侧面石壁，保存较好。坐标40.05.23，117.15.23。题诗竖写五行，字径15厘米，行书。

【注】"郿枚"，《钦定四库全书御制诗二集卷三十二》作："扬马"。

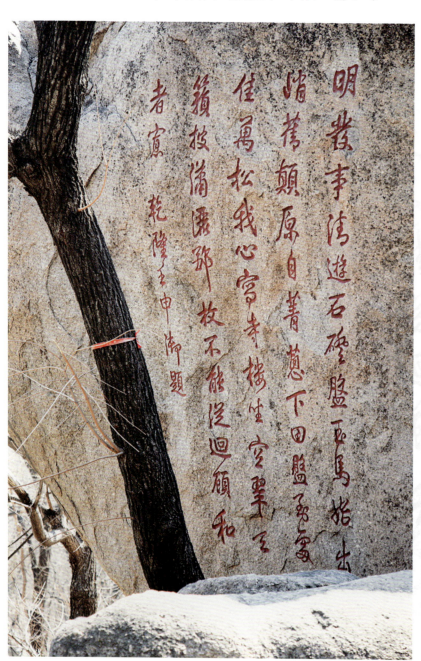

明发事清游，石磴盘玉马。
始出峭蒨颠，原自菁葱下。
田盘到处佳，万松我心写。
寺楼坐空翠，天籁披潇洒。
郿枚不能从，回顾和者寡。
乾隆壬申御题。

清·弘历题《登云罩寺定光塔作歌》诗

乾隆十七年（1752）

位于挂月峰定光佛舍利塔西侧崖壁，保存较好。坐标40.06.14，117.16.07。题诗竖写十三行，字径9厘米，行书。

【注】诗文依《钦定四库全书御制诗二集卷三十二》"谓我"后多"者"字。

云山有神助，会者得其宗。团团玛瑙盘，中有一朵青芙蓉。无量寿佛卍字胸，坐莲花须者，其寿尽与无量寿佛同。今日登临亦如是。稍涉言象，究竟未离凡夫踪。歌毕天风吹我马。隐有山灵谓我者，不必更与六和报恩较高下。

乾隆壬申登定光塔作歌，御笔。

清·弘历题《上方寺》诗

乾隆十七年（1752）春

位于上方寺西侧，礁峣峰东侧绝壁，保存较好。坐标40.06.08，117.16.34。题诗竖写七行，行书。

云罩崴纡石路盘，
上方始到惬清欢。
一龛古佛钟鱼寂，
半榻天风衣袂寒。
奇句不期当境得，
好山常似逆人看。
蕊乌六度知初品，
道左殷勤冀悉檀。
乾隆壬申春季□□。

清·弘历题《千尺雪》诗

乾隆十八年（1753）十月

位于盘山东路石趣园内，静寄山庄遗址西涧，水库大坝南面东侧崖壁，保存一般。坐标40.05.11，117.16.59。题诗竖写七行，字径10厘米，行书。

飞泉落万山，巨石当其垠。
汇池可半亩，风过生涟沦。
白屋架池上，视听皆绝尘。
名之千尺雪，遐心企隐人。
分卷复合藏，在一三来宾。
境佳泉必佳，竹垆亦可陈。
俯清酌甘冽，忘味乃契神。
披图谓彼三，天一何疏亲。
癸酉小春月御题。

清·弘历题《天成寺》诗

乾隆十八年（1753）十月

　　位于天成寺东御路与西甘涧交口处孤石，石风化严重，保存一般。坐标40.05.07，117.15.47。题诗竖写八行，字径22厘米，行书。

盘涧千回岚翠重，
到来古刹据芙蓉。
江山一览仍凭阁，
风日初晴正柏冬。
泉似祛尘常挂箔，
松如听法拟降龙。
小俄延复催归辔，
清恋惟留云外钟。
乾隆癸西十月御题并书。

清·弘历题《西甘涧》诗

乾隆十八年（1753）十月

　　位于西甘涧山路西侧石壁，保存完好。坐标40.05.12，117.15.55。题诗竖写九行，字径25厘米，行书。

　　　　　　峰回路转涧泉潺，山寺萧条只数间。

　　　　　　随分枕甘还漱介，便宜白足是高闲。

　　　　　　乾隆癸酉十月御题并书。

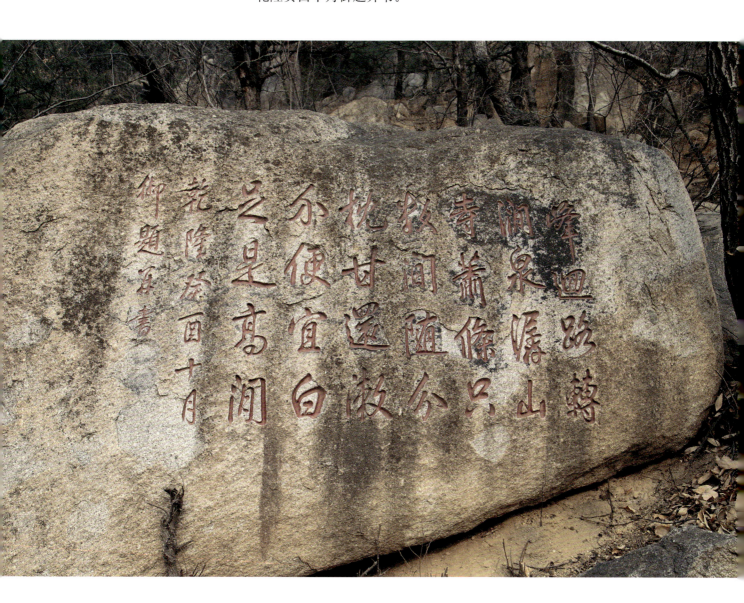

清·弘历题《东甘涧》诗

乾隆十八年（1753）

位于东甘涧观音庵西北约100米山上崖壁，保存完好。坐标40.05.21，117.16.03。题诗竖写八行，字径25厘米，行书。

一谷小春暖，循西便至东。野庐不成寺，变相示真空。

登阁聊乘兴，开窗不碍风。谁家生色画，松翠复枫红。

乾隆癸酉御题。

清·弘历题《古中盘》诗

乾隆十八年（1753）十月

位于盘山东路，古中盘塔林遗址西南小路南侧崖壁，市级文物保护标志旁，保存较好。坐标40.05.39，117.16.23。题诗竖写十二行，字径16厘米，行书。

石磊千仞岗，林疏一线天。是中有佳处，单骑相沿缘。

既穷外狭得中宏，红墙才见罗花宫。初地未许容易到，尚步丹梯百十重。

调御对我无一语，拈花似示真宗所。旁有精舍可周旋，凭窗万象纷来侣。

海气翁匼襟袖间，因之飞兴蓬莱山。安期羡门至今在，未改鹤发青童颜。

刘郎脱屣真痴情，后来仙者何无名。点笔欲辨沧桑事，田盘先生笑失声。

乾隆癸酉十月御题并书。

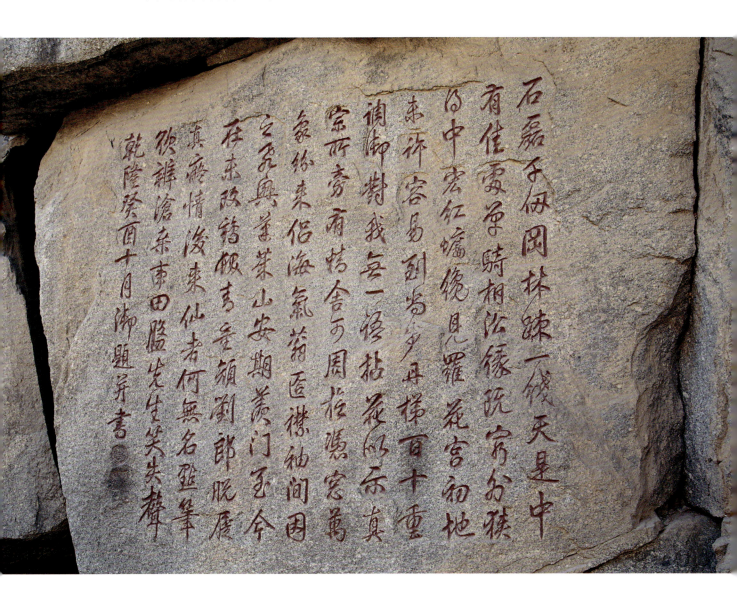

清·弘历题《小石城》诗

乾隆十九年（1754）

位于静寄山庄遗址西南侧，荣复军人疗养院院内主楼后北侧巨石石壁，保存完好。坐标40.04.55，117.17.19。题诗竖写十六行，字径12厘米，行书。

磊磊拳石无央数，攒簇累积坚城固。屹然壁立开辟来，世人安得知其故。
荆凡得失纷经营，埤堄攃守终谁成。烟霞乾闼此示幻，飞泉为堑松为旌。
松籁泉声相激越，楚南偶似非豪夺。子厚离忧何有哉，石城同一沧桑阅。
题小石城作，乾隆甲戌御笔。

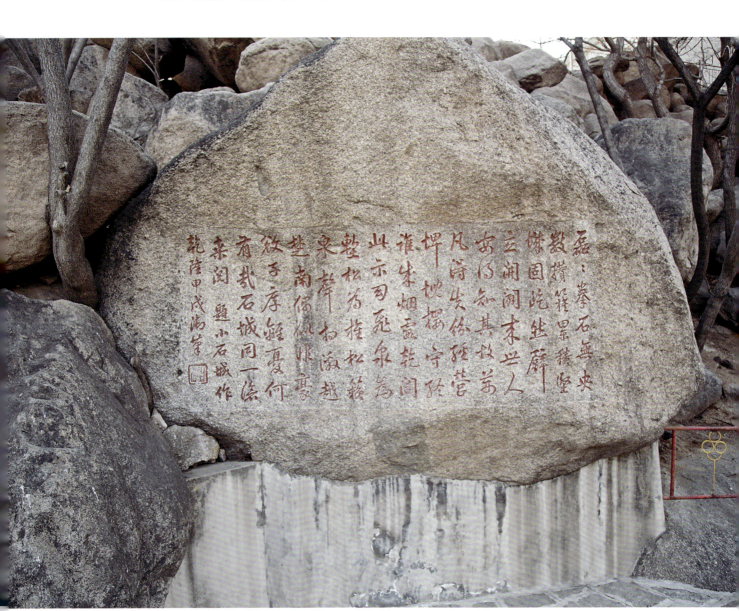

清·弘历题《天成寺》诗

乾隆十九年（1754）春

　　位于盘山景区迎客松大石桥东侧巨石，保存完好。坐标40.05.00，117.15.36。题诗竖写六行，字径15厘米，行书。

双峰辟天关，
一径入云路。
寻奇纷彼新，
据座原吾故。
澄思会理趣，
即境摘藻句。
开窗寒料峭，
眺景春流露。
无为忆向来，
恍可欣始遇。
乾隆甲戌春御题。

清·弘历题《惜松歌》诗

乾隆十九年（1754）二月

位于万松寺塔林牌坊南崖壁，保存完好。坐标40.05.20，117.15.31。题诗竖写十一行，字径12厘米，行书。

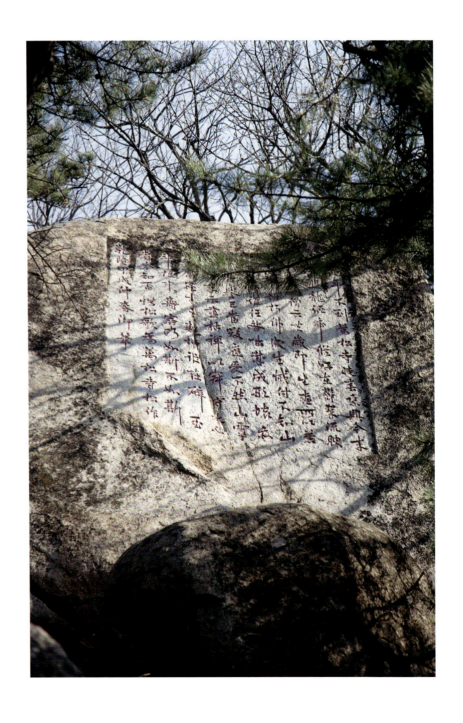

两年不到万松寺，
晓春乘兴今来偶。
盘龙踞虎纵好在，
郁翠流腴较昔丑。
僧云去岁即生蠹，
所以苍株半枯朽。
佛泯生灭付不知，
山无爱僧谁任咎。
咄哉成形坏亦随，
荣誉已当毁应受。
不然山灵厌客来，
示尽枯禅以寂守。
木必先腐虫生之，
疑增讵在碎玉斗。
植中寿客乃如斯，
不如斯者今知否。
惜松歌为万松寺松作，
乾隆甲戌仲春御笔。

清·弘历题《盘谷寺》诗

乾隆十九年（1754）二月

位于盘谷寺遗址东南侧250米巨石，保存较好。坐标40.05.34，117.16.00。题诗竖写八行，字径13厘米，行书。

隔嶂便欣松逗劫，
得门还礼佛留真。
一窗碧岫经年古，
四野油云酿雨新。
目色耳声无尽藏，
退之李愿两前人。
更瞻圣藻辉岩穴，
石火流阴五十春。
盘谷寺一律，
乾隆甲戌二月御笔。

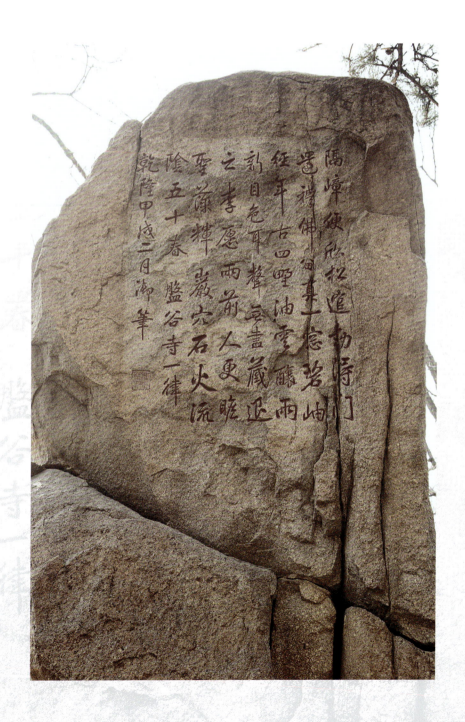

清·弘历题《千像寺八韵》诗

乾隆十九年（1754）春

　　位于千像寺遗址西南侧小路约100米崖壁，保存较好。坐标40.05.22，117.17.46。题诗竖写十三行，字径8厘米，行书。

　　苍岩路转东，初地翠云丛。既狭始开豁，当前悟塞通。逃禅孰龙象，访道岂崆峒。
自是乘春兴，聊因识化工。钟灵山有独，资始物惟同。最爱苔皴绿，未须花放红。
遐思硕人轴，且憩梵王宫。相好虽千亿，根源蔽色空。
千像寺八韵，乾隆甲戌御笔。

林深石润

清·弘历题—林深石润

乾隆十九年（1754）前

位于盘山东麓联合村，静寄山庄遗址北墙读画楼北侧孤石南面，风化严重，保存一般。坐标40.05.17，117.17.29。题字横写一行，字径20厘米，正书。

清·弘历题—松石间

乾隆十九年（1754）前

位于盘山东麓联合村，静寄山庄遗址北墙读画楼北侧孤石北面，风化严重，保存一般。坐标40.05.17，117.17.29。题字横写一行，字径20厘米，正书。

松石间

清·弘历题—面目是真山

乾隆十九年（1754）前

位于盘山东麓联合村，静寄山庄遗址北石佛殿遗址，即石佛山南坡山腰附近崖壁，保存较好。坐标40.05.14，117.17.08。题字竖写一行，字径20厘米，正书。

【注】（民国）《艺林月刊·游山专号第二卷·盘山》5页："石佛阁刻联文曰：'如许神通推佛法，本来面目是真山。'"现仅见5字。

面目是真山

清·弘历题—萝屏

乾隆十九年（1754）前

　　位于盘山东路少林寺东南岭上巨大石壁，保存完好。坐标40.05.26，117.10.27。题字横写一行，字径445厘米，正书。

萝屏

清·弘历题—青牛

乾隆十九年（1754）前

位于盘山东路联合村，水库东南，蓟砖路路旁孤石，保存较好。坐标40.05.08，117.17.16。题字横写一行，字径90厘米，正书。

青牛

蛾绿

清·弘历题—蛾绿

乾隆十九年（1754）前

位于盘山东路联合村，水库东南，蓟砖路路旁孤石，保存较好。坐标40.05.08，117.17.16。题字横写一行，字径95厘米，正书。

千尺雪

清·弘历题—千尺雪

乾隆十九年（1754）前

位于盘山东路石趣园内，静寄山庄遗址西涧，水库大坝南面东侧石壁，保存较好。坐标40.05.11，117.16.59。题字横写一行，字径40厘米，正书。

清·弘历题—朵山亭

乾隆十九年（1754）前

位于盘山东路，静寄山庄遗址石佛殿遗址西侧，蓟砖路路东约5米巨石上，保存较好。坐标40.05.13，117.17.08。题字横写一行，字径50厘米，正书。

朵山亭

中盘之古唐以前，泉甘木茂犹疑然。穿松度石造其阳，山空谷静真佛所。
盘阿精舍乃一亭，到来小憩忘色形。阴磴冰绅几条白，春岭松盖千层青。
英英云气封中吐，翁郁矮矗弥四宇。崎岖向径忽已迷，玉海青莲花上处。
青莲花上处无何，豁然开朗乾闼婆。回薄万象参纷罗，古中盘者悟者么。
乾隆乙亥春御题。

清·弘历题《古中盘》诗

乾隆二十年（1755）春

　　位于盘山东路，古中盘塔林遗址西南小路南侧崖壁，市级文物保护标志旁，保存较好。坐标40.05.39，117.16.23。题诗竖写十四行，字径10厘米，行书。

清·弘历题《朵山亭》诗

乾隆二十年（1755）

位于盘山东路，静寄山庄遗址石佛殿遗址西侧，蓟砖路路东约5米巨石上，保存较好。坐标40.05.13，117.17.08。题诗竖写九行，字径20厘米，行书。

亭据朵山巅，朵山抱亭内。可号青瑶屏，又如虞氏敦。
宜居佺羡流，不然李杜辈。尘襟恐弗当，聊此托清爱。
乾隆乙亥御题。

清·弘历题《万松寺》诗

乾隆二十年（1755）

位于万松寺塔林牌坊南侧50米巨石石壁，石风化严重，文字漫漶不清，保存较差。坐标40.05.20，117.15.31。题诗行数不详，字径5厘米，行书。

【注】诗文依《钦定四库全书御制诗二集卷五十五》移录。

昔来见松枯，惜谓松遭劫。
今来见松菀，幽怀为松悦。
惜悦皆怅然，裁成亦有说。
苍松本寿客，何致生意灭？
徘徊思其故，参以所闻阅。
寺僧图目前，绕树剥肤甲。
取以供炊爨，裸立何能活！
因之劚材鬻，牟利诚不拙。
吁哉贞干质，枉使遇摧折。
申命禁所为，毋俾生机泄。
枯枝及落叶，尽可煨榾柮。
留松为山姿，青云常护法。
亦可招客来，施檀仍尔业。
此禁不数月，守令如守阁。
苍松果回绿，重见葱菁列。
百丈拿翠龙，森森郁屼嵲。
菀枯松不知，悦惜吾何切。
晰理及辅相，愿因通理物。

清·弘历题《朵山亭》诗

乾隆二十三年（1758）冬

位于盘山东路，静寄山庄遗址石佛殿遗址西侧，蓟砖路路东约5米巨石上，保存较好。坐标40.05.13，117.17.08。题诗竖写四行，字径25厘米，行书。

调御手中荷，
不凋青色摩。
儿孙祝华顶，
十丈此犹多。
戊寅冬御题。

清·弘历题《万松寺》诗

乾隆二十八年（1763）二月

位于万松寺玉佛殿西侧约20米崖壁，保存较好。坐标40.05.23，117.15.21。题诗竖写七行，字径12厘米，行书。

万松之松奚啻万，
春来老色争新鲜。
啸龙舞凤笼峡路，
夷峻开豁呈金田。
下马屏息礼调御，
寺楼片刻聊周旋。
几株菁葱窗正对，
翻涛不语意以传。
譬如淮南忽变少，
不变者在谁知然？
万松寺作，
癸未仲春月御笔。

清·弘历题《西甘涧》诗

乾隆二十八年（1763）二月

位于西甘涧南侧石壁，保存较好。坐标40.05.12，117.15.55。题诗竖写八行，字径17厘米，行书。

太行盘谷有泉甘，韩序曾言李愿耽。于此是同还是异，不能起问退之谈。

西甘涧作，癸未仲春月御笔。

清·弘历题《东甘涧作》诗

乾隆二十八年（1763）二月

位于东甘涧观音庵东北侧石壁，保存较好。坐标40.05.20，117.16.08。题诗竖写六行，字径12厘米，行书。

一峰两涧隔西东，
石海中间有路通。
何必匆匆亟言去，
山楼小坐韵松风。
东甘涧作，
癸未仲春御笔。

清·弘历题《东竺庵》诗

乾隆二十八年（1763）二月

　　位于盘山东路，东竺庵遗址旁石壁，保存一般。坐标40.06.20，117.17.16。题诗竖写九行，字径8厘米，行书。

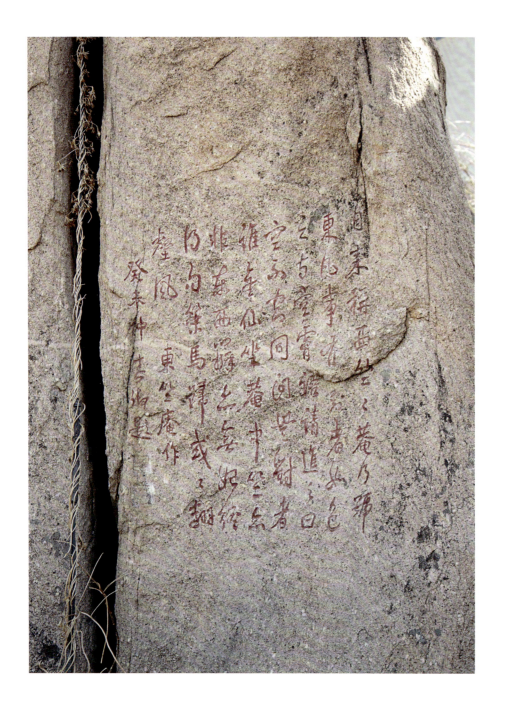

自来称西竺，
竺庵乃号东。
凡事有对者，
如色之与空。
肤语请进之，
曰空不空同。
问无对者谁，
金仙坐庵中。
竺亦非东西，
辨亦无始终。
得句策马归，
或或翻壑风。
东竺庵作，
癸未仲春御题。

清·弘历题《古中盘》诗

乾隆二十八年（1763）

　　位于盘山东路，古中盘遗址东北侧小摇动石上，风化严重，漫漶不清，个别文字可辨识，保存较差。坐标40.05.40，117.16.20。题诗行数、字径不详。

【注】诗文依《钦定四库全书御制诗三集卷二十九》移录。

　　砚石如飞堕复留，春来处处有泉流。既云到则云停可，弗以高而以复幽。

　　消得片时心不系，促成七字兴堪酬。虚亭十笏千峰入，芥子须弥即此不。

清·弘历题《贮清书屋》诗

乾隆二十八年（1763）春

位于盘山东麓联合村，静寄山庄遗址北墙读画楼北侧"林深石润"石壁，风化严重，保存较差。坐标40.05.17，117.17.29。题诗竖写八行，字径6厘米，行书。

石上架山居，石势不可止。覆瓦于其上，贮石我屋里。

受润无内外，皴缛苔纹起。张为生色屏，卧作醉道士。

回头望山石，原不分彼此。

癸未仲春，御笔。

清·弘历题《双峰寺》诗

乾隆二十九年（1764）十月

位于盘山西麓入山南岔路弥勒峰下，双峰寺遗址东北侧崖壁上，保存一般。坐标40.05.35，117.14.53。题诗竖写七行，字径12厘米，行书。

【注】双峰寺：旧名重峦书院。唐贞观中，尉迟敬德监造。明万历三十年（1602）赐内帑重建。清乾隆十九年（1754）敕有司重修。现为遗址。

云罩将寻最上层，
双峰先此叩初乘。
阃排似二而不二，
禅会非能已是能。
对壁何殊晤开士，
施檀宁为允山僧。
败空成住权胥置，
悦可山容进步登。
双峰寺作，
甲申孟冬朔御笔。

清·弘历题《万松寺》诗

乾隆二十九年（1764）十月

位于万松寺前，骆驼石北侧面石壁，保存一般。坐标40.05.23，117.15.23。题诗竖写十二行，字径12厘米，行书。

攒簇石林寻径细，遮罗松海得居幽。佛无拣择语如信，那更祇园此处投。
寺楼无碍小徘徊，薇薇天花落讲台。遮莫开窗风便入，好山宁可负斯来。
万松寺二首，甲申小春上浣御笔。

清·弘历题《西甘涧》诗

乾隆二十九年（1764）十月

位于西甘涧净土庵遗址南侧巨石南侧面，石有风化，保存较好。坐标 40.05.14，117.15.56。题诗竖写七行，字径15厘米，行书。

万石丛中几架庵，
有泉于此合称甘。
忽然欲问居庵者，
枕漱崇情可解谙。
西甘涧作，
甲申小春月上浣御笔。

清·弘历题《千像寺》诗

乾隆二十九年（1764）十月

位于千像寺遗址西南侧崖壁，保存一般。坐标40.05.20，117.17.45。题诗竖写七行，字径9厘米，行书。

峭茜中寻路，翠苍里见天。到来停玉勒，进步谒金田。
闻说空非相，静观一即千。诸峰多喜色，日照暖生烟。
千像寺作，甲申初冬御笔。

清·弘历题《贮清书屋》诗

乾隆二十九年（1764）

位于盘山东麓联合村，静寄山庄遗址北墙读画楼北侧"林深石润"孤石，风化严重，保存一般。坐标40.05.17，117.17.29。题诗竖写五行，字径6厘米，行书。

碨石居然屋内存，
谁能移置动云根。
贮来万古真清气，
仿佛青牛众妙门。
甲申□□□。

清·弘历题《西甘涧》诗

乾隆三十一年（1766）二月

位于西甘涧净土庵遗址南侧巨石南侧面，保存一般。坐标40.05.15，117.15.57。题诗竖写十行，字径6厘米，行书。

适才向万松，原自涧口入。云岩耸亿丈，珠勒劳拾级。
夤缘到盘谷，辰过己巳值。及兹薄云旋，曾不费半刻。
进难退则易，物理于斯识。策马便过庵，东麓犹当陟。
西甘涧作，丙戌仲春月中浣御笔。

清·弘历题《望少林寺未入》诗

乾隆三十一年（1766）二月

　　位于盘山东路，少林寺遗址东南约100米，蓟砖路西侧约50米入口巨石。巨石被围成羊圈，此诗文位置居中，风化严重，字体尚好，保存较差。坐标40.05.33，117.16.46。题诗竖写十二行，字径8厘米，行书。

【注】诗文依《钦定四库全书御制诗三集卷五十五》移录。

　　适才别中盘，径欲往东竺。少林路所经，过弗入庵屋。

　　身诅觉其懱，意固有所属。何处非大士，骨髓与皮肉。

　　点到不重提，一时聊即目。

　　丙戌仲春中浣，望少林未入作，御笔。

清·弘历题《山行》诗

乾隆三十一年（1766）二月

位于盘山东路，古中盘塔林遗址南入口西侧石壁，保存较好。坐标40.05.38，117.16.26。题诗竖写九行，字径17厘米，行书。

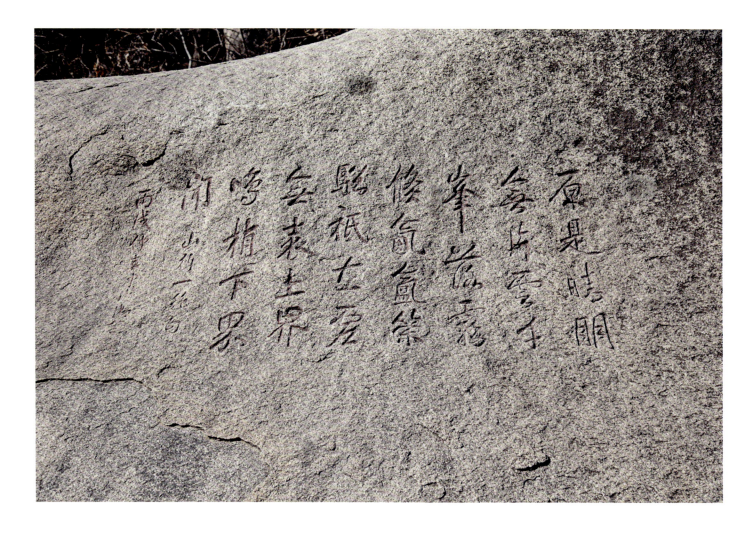

原是晴明无片云，千峰落雾倏氤氲。
策骢只在虚无表，上界鸣梢下界闻。
山行一绝句，丙戌仲春中浣御笔。

清·弘历题《云净寺作歌》诗

乾隆三十一年（1766）二月

位于盘山东路，云净寺遗址南侧约200米石壁，风化剥落，保存一般。坐标40.06.12，117.17.30。题诗竖写十二行，字径10厘米，行书。

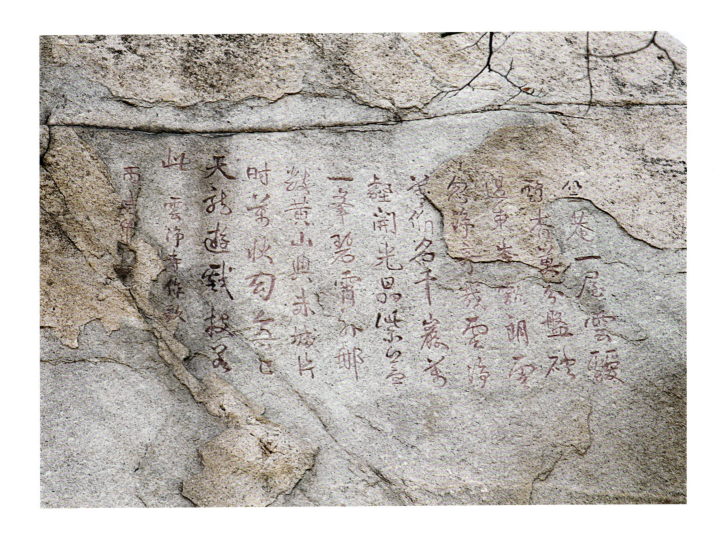

竺庵一屋云，暧靉杳莫分。盘磴过东岭，豁朗云忽净。

奇哉云净善循名，千岩万壑开光晶。紫盖一峰碧霄外，那数黄山与赤城。

片时万状幻无已，天龙游戏技若此。

云净寺作歌，丙戌仲□□□。

清·弘历题《自西峪取路入田盘至双峰寺小憩成咏》诗

乾隆三十一年（1766）九月

　　位于盘山西麓入山南岔路弥勒峰下，双峰寺遗址东北侧巨石石壁上，保存一般。坐标40.05.35，117.14.53。题诗竖写十四行，字径8厘米，行书。

　　万骑穿林入，双峰排闼开。祇园得小憩，古佛识无来。

　　枫衬松愈翠，泉当秋越皑。云端望云罩，即拟到香台。

　　自西峪取路入田盘至双峰寺小憩成咏，丙戌九秋下浣御笔。

清·弘历题《游天成寺》诗

乾隆三十一年（1766）九月

位于天成寺阁东入口石壁，保存一般。坐标40.05.05，117.15.38。题诗竖写九行，字径9厘米，行书。

春游转眼此秋游，一线天开栈道修。石底泉琴听不见，松梢云带挽疑留。

如来相好仍虚殿，小坐高寒俯回楼。指点适才鸣辔处，若为隐现霁烟浮。

游天成寺一律，丙戌九秋下浣御笔。

清·弘历题《东甘涧》诗

乾隆三十一年（1766）九月

位于东甘涧观音庵东南约100米路西巨石壁，风化严重，保存一般。坐标40.05.20，117.16.10。题诗竖写十行，字径9厘米，行书。

今日游山取近便，竺庵路左小留连。诗成帙矣吟情偿，况是春来揽结全。

东甘涧作，丙戌九秋月御笔。

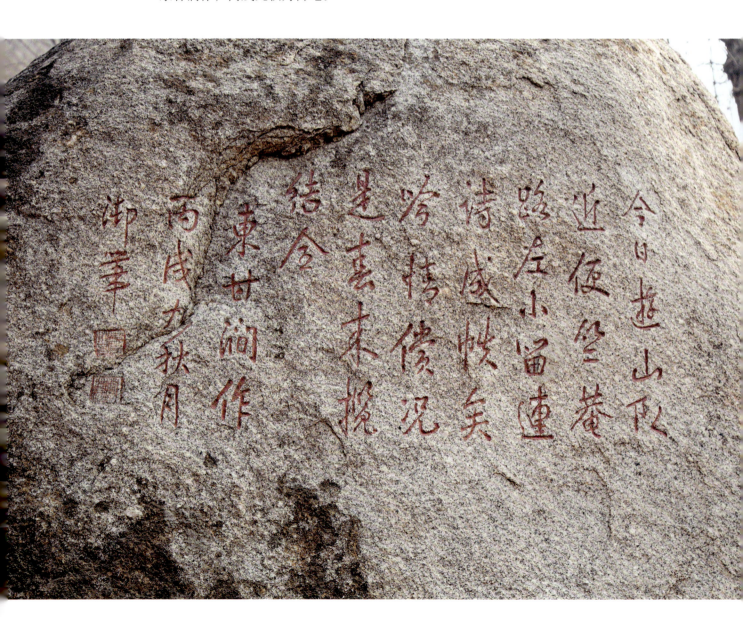

清·弘历题《万松寺三首》诗

乾隆三十四年（1769）

位于万松寺玉佛殿西侧约20米巨石壁，保存完好。坐标40.05.24，117.15.22。题诗竖写十二行，字径13厘米，行书。

摇删初从极狭入，
半山顿觉豁壶天。
苍松轶轧无涯际，
合与金仙作福田。
鸟鸣翁蔚睹无形，
马陟穷穷步每停。
三载重来消片刻，
风幡何用更丁宁。
横撑直挺碧峰重，
细籁雄涛翠靐浓。
应是依空佳宝界，
故教无万护天龙。

清·弘历题《西甘涧》诗

乾隆三十四年（1769）三月

位于西甘涧西南侧巨石壁，保存一般。坐标40.05.12，117.15.55。题诗竖写十行，字径10厘米，行书。

万松仰霄汉，四刻始言陟。既循原径降，速不消两刻。进难退斯易，万理率可识。归路复度岭，岭西笠庵仄。甘涧乃其名，枕漱付禅德。过门更不入，点到由他测。

过西甘涧作，己丑暮春之月中浣御笔。

清·弘历题《东甘涧》诗

乾隆三十四年（1769）三月

　　位于东甘涧观音庵东南约100米路东巨石壁，风化严重，保存一般。坐标40.05.20，117.16.10。题诗竖写四行，字径8厘米，行书。

【注】"权"字泐蚀，依《钦定四库全书御制诗三集卷八十》补。

一岭中分西与东，
流泉泻涧味甘同。
吃茶虽不赵州学，
楼上权披松下风。
东甘涧作，
己丑暮春中浣御笔。

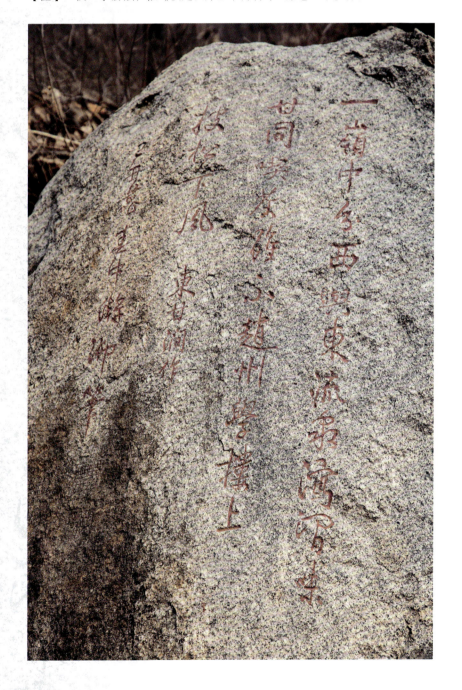

清·弘历题《古中盘》诗

乾隆三十四年（1769）三月

　　位于盘山东路，古中盘塔林遗址西南小路南侧崖壁，市级文物保护标志旁，保存较好。坐标40.05.39，117.16.23。题诗竖写十六行，字径6厘米，行书。

　　下盘胜以水，中盘胜以石。上盘胜以松，松可一望得。水则日枕漱，石畅今游奕。
天临一线宽，地容一骑策。磅礴耸万仞，寥窲皱群白。凭空讶若坠，无根忽相撼。
如斯魂礌间，精蓝托幽窄。疑在众莲上，更有青莲觌。龙象护云霞，苾刍守寥寂。
坐我盘阿舍，片刻于焉息。吟成复自笑，济胜非语默。
古中盘作，己丑暮春中浣，御笔。

清·弘历题《济源盘谷考证》

乾隆三十四年（1769）

位于盘谷寺遗址东南侧200米巨石崖壁，保存一般。坐标40.05.37，117.15.58。题记竖写十八行，字径6厘米，行书。

济源盘谷考证

读书，所以明理修身制事也。陶渊明好读书而不求甚解，予以为在渊明则可，在他人则不可。彼其高尚避世，理有所不必明，身有所不屑修，事有所不足制，故可耳。若予之读书，凡涉疑，必求解其疑而后已，此或有合于韩昌黎解惑之说乎？昌黎之送李愿归盘古也，其事本在济源。只以盘山亦有盘古，而太行山实为天下之脊，西南发昆仑，东北走辽海，盘山亦在太行之阳也。故予向居田盘，每假借用之。而昌黎诗中所云燕川、方口，又雅合田盘之境。然无以证其实，终属疑似，且不知济源之果有盘古否也？因命豫抚阿思哈亲至其地访焉。至则若谷若寺，若李愿之居，若韩愈之文之刻于石者，一一详绘以进。于是憬然悟曰："盘古实在济源，而不在田盘。予向之假借用之者，误也。"岂惟予误，蒋溥等之辑《盘山志》，二三其说而未归一是者，非不明于学，则有所面从，亦误也。夫古人事迹，亦何系于今时？而有如适所云者，则予不惟憬然悟，而且惕然惧矣。予故曰："陶渊明之不求甚解，在彼则可，在他人则不可，而在为人君者益不可。"因书其事，命于济源、田盘摩崖两泐之。乾隆己丑仲夏月中浣御笔。

清·弘历题《游古中盘作》诗

乾隆三十五年（1770）二月

　　位于盘山东路，古中盘塔林遗址路西侧崖壁，保存较好。坐标40.05.38，117.16.21。题诗竖写十四行，字径7厘米，行书。

【注】诗文缺字依《钦定四库全书御制诗三集卷八十八》补录。

　　静寄到两日，大略已粗观。平明出北门，就近游中盘。中盘虽不遥，亦在青云端。
跋马历石栈，蹄下听鸣湍。少林别歧路，砟硌还跻攀。须臾入松门，红墙出簇攒。
丹梯千百层，拾级凌紫烟。马或弗可进，徒步仍向前。祇宫既云莅，屏息礼金仙。
手拈不根花，别我忽一年。其左有精舍，盘阿我所颜。下视千里遥，尽列咫尺间。
设非半晌劳，安寄万虑闲。云闲固未能，辄复摘吟篇。
　　游古中盘作，庚寅仲春下浣御笔。

中盘小坐净业薰，因之稍憩仆从群，言别策骑前途遵。
结念东竺凌峰云，少林正介途所分，过而不留亦可欣。
僧刍延望徒劳勤，吾弗见布而疑赝，到即不点古有云。

清·弘历题《过少林寺》诗

乾隆三十五年（1770）

位于盘山东路，少林寺遗址东南约100米，蓟砖路西侧约50米入口巨石。巨石被围成羊圈，诗文被路基掩埋，只露部分文字，保存较差。坐标40.05.33，117.16.46。题诗竖写八行，字径8厘米，行书。

【注】诗文依《钦定四库全书御制诗三集卷八十八》移录。

清·弘历题《云净寺》诗

乾隆三十五年（1770）二月

　　位于盘山东路，云净寺遗址南侧约200米石壁，保存一般。坐标40.06.13，117.17.30。题诗竖写八行，字径9厘米，行书。

【注】诗文缺字依《钦定四库全书御制诗三集卷八十八》补录。

珠勒徐教仄栈遵，
明知云净近东邻。
林中忽听鸣梢转，
笑似花间喝道人。
毗尼野衲不知遵，
麋鹿寻常可结邻。
分付春云慢净去，
只应作雨利农人。
云净寺二绝句，
庚寅仲春月下浣御笔。

清·弘历题《游天成寺作》诗

乾隆三十五年（1770）二月

位于天成寺阁东入口石壁，保存一般。坐标40.05.05，117.15.38。题诗竖写八行，字径9厘米，行书。

游山聊趁万几闲，轻骑还教减从班。雨过林枝垂露重，春寒涧水带冰潺。

辟开一指栴檀宇，俨列九天虎豹关。无碍楼窗霁风峭，片时得句我犹闲。

游天成寺感作，庚寅仲春月下浣御笔。

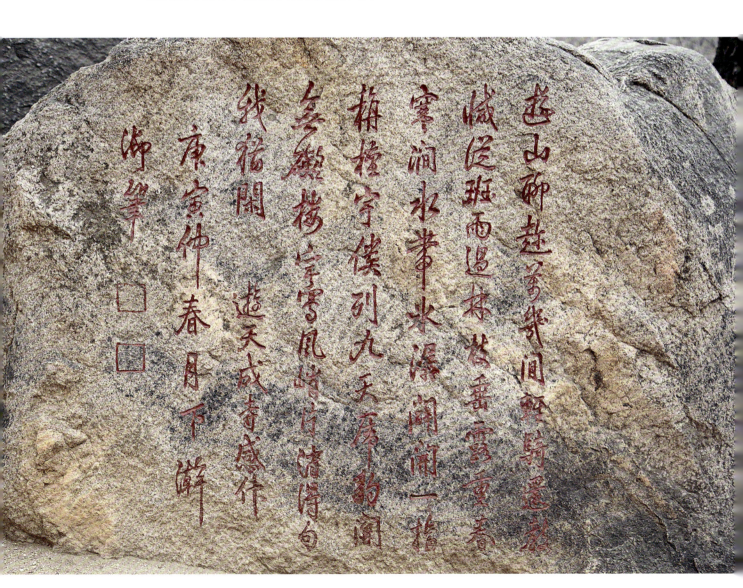

清·弘历题《法藏寺》诗

乾隆三十五年（1770）二月

　　位于盘山西麓法藏寺大雄宝殿西侧石壁，风化严重，字迹漫漶，保存一般。坐标40.05.48，117.15.21。题诗竖写六行，字径7厘米，行书。

法藏古松不可孤，
金仙礼罢小踟蹰。
片时仆从亦憩息，
云罩遥瞻便问途。
法藏寺作，
庚寅仲春月下浣御笔。

清·弘历题《题盘谷寺》诗

乾隆三十五年（1770）二月

　　位于盘谷寺遗址东南侧180米巨石，保存较好。坐标40.05.07，117.15.58。题诗竖写十二行，字径7厘米，行书。

　　乘闲策马款禅扉，流丽千林飚晓辉。铺谷轻烟白如絮，落崖飞瀑响于徽。

寺犹法性风幡动，室岂维摩花雨霏。不是济源经考证，至今假藉未知非。

题盘谷寺，庚寅仲春月下浣御笔。

清·弘历题《游古中盘杂咏》诗

乾隆三十七年（1772）

位于盘山东路，古中盘塔林遗址路北侧崖壁东侧面，风化严重，保存较差。坐标40.05.38，117.16.21。题诗竖写，可辨识十四行，字径6厘米，行书。

【注】诗文依《钦定四库全书御制诗四集卷三》移录。

晾甲石傍西北门，出门策马问祇园。已诚减从犹清跸，松下排衙岂戏言。

路转峰回转益奇，风流得在不经思。譬如韩杜诗文集，一揽谁能遍识之。

风吹飞雪凉打帽，石隐卧松苍拂鞭。似是林关不容骑，忽通一线可缘前。

步舆石磴拾梯登，历历前游忆昨曾。置却去来今未得，只应调御丈夫能。

少林元代寺，数典自嵩山。是日乘游兴，因之一叩关。
庭松听佛偈，野鸟共僧闲。小别石桥过，犹闻涧水潺。

清·弘历题《少林寺》诗

乾隆三十七年（1772）

　　位于盘山东路，少林寺遗址东南约100米，蓟砖路西侧约50米入口巨石。巨石被围成羊圈，此诗文位置在西南角下部，风化严重，字尚可识，保存较差。坐标40.05.33，117.16.46。题诗竖写六行，字径6厘米，行书。

【注】诗文依《钦定四库全书御制诗四集卷三》移录。

清·弘历题《云净寺作》诗

乾隆三十七年（1772）二月

位于盘山东路，云净寺遗址南侧约200米石壁，保存一般。坐标40.06.13，117.17.30。题诗竖写七行，字径9厘米，行书。

【注】诗文缺字依《钦定四库全书御制诗四集卷四》补录。

竺庵东复东，
盘谷阳之阳。
跋马历摇删，
亦即叩禅户。
云去净梵宫，
云归净天宇。
其净不在云，
非云净那睹。
净实无变迁，
云则有散聚。
试问云净者，
谁能更谁所。
云净寺作，
壬辰仲春中浣御笔。

清·弘历题《再题千尺雪》诗

乾隆三十七年（1772）二月

位于盘山东路石趣园内，静寄山庄遗址西涧，水库大坝南"千尺雪"摩崖南10米，保存一般。坐标40.05.11，117.16.59。题诗竖写八行，字径8厘米，行书。

溪阁园门里，
游回必憩临。
一窗烘日影，
六律协泉音。
本性悦山水，
俗情忘古今。
两收名实好，
积素在崖阴。
壬辰仲春月中浣御题。

清·弘历题《游古中盘》诗

乾隆三十九年（1774）二月

位于盘山东路，古中盘塔林遗址西南小路南侧崖壁，市级文物保护标志旁，保存较好。坐标40.05.39，117.16.23。题诗竖写十二行，字径7厘米，行书。

出园闲马候岩隈，得得山蹊净绝埃。峰峤云根全露骨，松生石缝善藏胎。
招提依旧岂予别，调御端然识我来。东壁盘阿坐精舍，奇含窗里供吟材。
游古中盘，甲午仲春下浣御笔。

少林有南北，对峙不为孤。忍草一庭静，禅枝万嶂扶。
闲轩聊可憩，佳景自相输。忆逊豫巡者，曾临面壁图。

清·弘历题《少林寺》诗

乾隆三十九年（1774）

位于盘山东路，少林寺遗址东南约100米，蓟砖路西侧约50米入口巨石。巨石被围成羊圈，诗文被路基掩埋，只露部分文字，保存较差。坐标40.05.33，117.16.46。题诗竖写七行，字径10厘米，行书。

【注】诗文依《钦定四库全书御制诗四集卷二十》移录。

清·弘历题《法藏寺》诗

乾隆三十九年（1774）二月

位于盘山西麓法藏寺天王殿后西侧巨石壁，风化严重，字迹漫漶，保存一般。坐标40.05.47，117.15.23。题诗竖写八行，字径8厘米，行书。

【注】诗文依《钦定四库全书御制诗四集卷二十》移录。

法藏何年名，
残碑无觅处。
半字与满字，
吾将问调御。
但见盘龙松，
童童翠如故。
转三轮则然，
提全物胥悟。
画写及诗吟，
多事翻成误。
小憩适可还，
林外钟声度。
法藏寺作，
甲午仲春下浣御笔。

清·弘历题《西甘涧》诗

乾隆三十九年（1774）

位于西甘涧净土庵遗址南侧巨石南侧面，风化严重，漫漶不清，保存较差。坐标40.05.15，117.15.57。题诗竖写九行，字径8厘米，行书。

【注】诗文依《钦定四库全书御制诗四集卷二十》移录。

山前及山后，小游数处历。云罩望未登，便以归遥觅。

徒有逸兴飞，力弗昔年敌。然斯正何碍，敕几应不息。

寻径实向东，甘涧称西壁。则以更有东，林峦互蔽匿。

乃知名无定，称谓何纪极。金仙跌古庵，笑均乌鲗墨。

清·弘历题《游天成寺》诗

乾隆四十年（1775）三月

位于天成寺东御路与西甘涧交口处巨石石壁，石风化严重，保存一般。坐标40.05.07，117.15.47。题诗竖写六行，字径10厘米，行书。

雨后润蒸春雾屯，
平明破雾出园门。
例舆惯熟东西路，
易马犹闲高下原。
辨径峣峰望弗见，
过桥古寺讶前存。
去来今了不可得，
静悟如如两足尊。
游天成寺作
乙未暮春月上浣御笔。

清·弘历题《西甘涧》诗

乾隆四十年（1775）三月

　　位于西甘涧净土庵遗址南侧石壁南侧面，石风化脱落，保存一般。坐标40.05.14，117.15.56。题诗竖写七行，字径10厘米，行书。

　　　　下岭命归鞭，山蹊循复沿。栖凹仍有寺，淙涧率成泉。

　　　　古佛如是相，野僧不解禅。饶他契义谛，棒喝只徒然。

　　　　西甘涧作，乙未暮春御笔。

清·弘历题《少林寺》诗

乾隆四十年（1775）三月

位于盘山东路，少林寺遗址东南约100米，蓟砖路西侧约50米入口巨石。巨石被围成羊圈，此诗文位置居中，风化严重，字迹尚可辨识，保存较差。坐标40.05.33，117.16.46。题诗竖写九行，字径7厘米，行书。

【注】诗文依《钦定四库全书御制诗四集卷二十八》移录。

石桥过处见红墙，复有金仙古道场。不二法门泯名象，分来底藉说嵩阳。

少林寺作，乙未暮春御笔。

清·弘历题《云净寺》诗

乾隆四十年（1775）

　　位于盘山东路，云净寺遗址南侧约200米石壁，风化严重，保存较差。坐标40.06.13，117.17.30。题诗竖写七行，字径8厘米，行书。

【注】诗文依《钦定四库全书御制诗四集卷二十八》移录。

英英关不锁崔嵬，
应是丰隆为我开。
遂历巉岩造檀宇，
因教相好礼莲台。
为图那藉峰千叠，
得句才消茗半杯。
云净试参真面目，
无心出岫一言该。

清·弘历题《西甘涧》诗

乾隆四十七年（1782）

位于西甘涧净土庵遗址南侧石顶部西侧，石风化，保存较差。坐标40.05.14，117.15.56。题诗竖写十行，字径10厘米，行书。

【注】诗文依《钦定四库全书御制诗四集卷八十八》移录。

适自万松回，栈径降迤逦。登消四刻久，降只片时耳。
因思难易理，似此者多矣。野寺隐荦峃，觌面清无比。
而弗以山称，却以涧传美。遐思千古间，几人曾甘此。

清·弘历题《云净寺口号》诗

乾隆四十七年（1782）三月

位于盘山东路，云净寺遗址南侧约200米石壁，保存一般。坐标40.06.13，117.17.30。题诗竖写四行，字径9厘米，行书。

横盘松岭降还升，
恰有招提倚翠崚。
山寺副名诚善矣，
岂知我正望云兴。
云净寺口号一首，
壬寅暮春上浣御笔。

清·弘历题《游天成寺》诗

乾隆五十年（1785）三月

位于天成寺东御路与西甘涧交口处巨石石壁，石风化严重，保存一般。坐标40.05.07，117.15.47。题诗竖写十行，字径7厘米，行书。

世间万事总天成，而此招提独擅名。石诡松苍非有色，泉飞籁奏本无声。
设云禅契如何契，欲以诗鸣不易鸣。莫若弹鞭进前去，倩他一片白云横。
游天成寺作，乙巳暮春月中浣御笔。

清·弘历题《寄题云罩寺》诗

乾隆五十年（1785）

位于挂月峰定光佛舍利塔西侧崖壁，"去天尺五"北侧。风化严重，文字漫漶不清，保存较差。坐标40.06.14，117.16.07。题诗行数、字径不详。

【注】诗文依《钦定四库全书御制诗五集卷十四》移录。

向驻田盘值清暇，云罩虽高无弗至。轻舆每念肩者劳，崎岖石栈亲揽辔。

古希那复勉强为，壬寅只用题诗寄。兹来又复阅三载，云罩罢登用前例。

到即不点禅家言，云牖凭吟夫岂异？

一岭平分西复东，涧虽有别号甘同。是为日面及月面，漫论内空与外空。

一株古树满庭阴，七字新诗三载心。落落乔松付不识，只增苍翠及萧森。

东甘涧作，乙巳暮春月上浣御笔。

清·弘历题《东甘涧》诗

乾隆五十年（1785）三月

位于东甘涧观音庵东侧孤石，风化严重，保存较差。坐标40.05.20，117.16.08。题诗竖写十行，字径8厘米，行书。

清·弘历题《千尺雪》诗

乾隆五十年（1785）三月

位于盘山东路石趣园内，静寄山庄遗址西涧，水库大坝南"千尺雪"崖壁南10米石壁，保存一般。坐标40.05.11，117.16.59。题诗竖写十九行，字径7厘米，行书。

薄言游山返，山园门却近。下马入园门，溪斋朴而隐。贞观晾甲石，诸泉汇流混。
潋滟泻湍流，盈科斋下引。可以滴砚池，擒藻纾心蕴。可以烹竹炉，啜香悦舌本。
漫言假借雪，泽同天一允。莫訾千尺无，其源百倍远。昨春对寒山，客秋扶塞苑。
日同固不可，日异益堪晒。千尺雪一首，乙巳暮春上浣御笔。

清·弘历题《盘阿精舍即目》诗

乾隆五十年（1785）

　　位于盘山东路，古中盘遗址东侧正中崖壁，风化严重，漫漶不清，个别文字可辨识，保存较差。坐标40.05.40，117.16.20。题诗行数不详，字径2厘米。

【注】诗文依《钦定四库全书御制诗五集卷十四》移录。

盘阿胜据盘之中，上松下水中以石。然而在此合言此，上下俯仰见座席。
松苍泉白归一揽，诡石窗前欣独得。中盘之胜有如斯，举一含三欣莫逆。
向读韩文谓此间，后始知讹屡吟识。设呼退之来此问，想亦称佳等仲伯。
是日雨后云归岫，去亦弗留来莫测。漠然忽满一空白，倏而乍失千峰碧。
尽态极妍有如是，应接无暇莫踪迹。调御丈夫坐拈花，亦弗微笑任霪绎。

清·弘历题《上方寺作》诗

乾隆五十年（1785）

位于上方寺西架静室遗址西侧崖壁，保存一般。坐标40.06.08，117.16.34。题诗竖写六行，字径9厘米，行书。

东竺复向西，
上方在其上。
虽曰此为高，
云罩更仰望。
乃悟高与低，
一切无定象。
轻舆陟巉嵲，
缭曲历千嶂。
长年懒据鞍，
仆御群应谅。
而却自怀惭，
何遽成老状。
上方寺作，
乙巳□春月中浣，
御笔。

清·弘历题《游天成寺》诗

乾隆五十二年（1787）

位于天成寺阁东入口石壁，保存一般。坐标40.05.05，117.15.38。题诗竖写十二行，字径7厘米，行书。

西崦循蹀复北行，肩舆石涧度纵横。嵚崟高衍中通路，迥绝精蓝旧识程。
小憩前年如昨日，全收山景本天成。昔题今什无须较，欲去陈言未抵精。
游天成寺，丁未春月上浣御笔。

清·弘历题《是日未至云罩寺寄题》诗

乾隆五十二年（1787）三月

位于挂月峰定光佛舍利塔西侧崖壁，"去天尺五"题字南约10米，保存一般。坐标40.06.14，117.16.07。题诗竖写八行，字径7厘米，行书。

壬寅以后多乘舆，
造极登封殊艰致。
逮兹倏忽又六年，
云罩罢临遥望寺。
然而一念未能忘，
七字因之有题寄。
石栈岂啻七步遥，
早则吟成例乙巳。
定光塔矗白云尖，
不涉是一还是二？
未至云罩寺寄题，
丁未暮春上浣御笔。

清游已历几招提，兴罢何妨曰返兮。陟则为峰降则涧，循山庄路合从西。
山泉沔涧总成甘，坳处僧房架两三。不事庄严乐幽僻，谓他隐士传天惭。
西甘涧二首，丁未暮春御笔。

清·弘历题《西甘涧二首》诗

乾隆五十二年（1787）三月

位于西甘涧净土庵遗址南侧巨石南侧面，保存一般。坐标40.05.15，117.15.57。题诗竖写八行，字径9厘米，行书。

西涧过小岗，东涧凹中有。岗头向北望，西左东为右。世间一切名，无定如斯否。
两涧各有泉，其甘复同偶。淙泌之洋洋，足供乐饥口。而吾偶洁矩，甘言非所取。
东甘涧作，丁未暮春御笔。

清·弘历题《东甘涧》诗

乾隆五十二年（1787）三月

位于东甘涧观音庵东侧石壁，风化严重，保存较差。坐标40.05.20，117.16.08。题诗竖写八行，字径8厘米，行书。

清·弘历题《游古中盘慧因寺》诗

乾隆五十二年（1787）

位于盘山东路，古中盘塔林遗址西南小路南侧崖壁，市级文物保护标志旁，风化严重，保存较差。坐标40.05.39，117.16.23。题诗行数、字径不详。

【注】诗文依《钦定四库全书御制诗五集卷三十》移录。

盘者山之阿，阿必平坦地。
是寺据其中，副名擅佳致。
其初乃无名，僧请因以赐。
遂名曰慧因，兹试言其义。
慧者性之解，因者缘之自。
缘息何有因，性定亦无慧。
乃契山之静，是谓佛之谛。
静谛亦多言，非一更非二。

清·弘历题《盘阿精舍四首》诗

乾隆五十二年（1787）

　　位于盘山东路，古中盘遗址东侧正中崖壁，风化严重，漫漶不清，个别文字可辨识，保存较差。坐标40.05.40，117.16.20。题诗行数、字径不详。

【注】诗文依《钦定四库全书御制诗五集卷三十》移录。

　　梵宇东头屋几间，盘阿之号昔年颜。重来小凭虚窗憩，不较昔今及往还。

　　外表都知为四正，内穷讵止有千盘。却因古曰中在此，合相何妨此坐观。

　　《易》云中则无不正，山曰正仍包万奇。设问斯言出何典？静于斯舍会当知。

　　松石水分上中下，名标其胜有陈言。涉言斯起纷争矣，何若忘言此默存。

清·弘历题《少林寺》诗

乾隆五十二年（1787）

位于盘山东路，少林寺遗址东南约100米，蓟砖路西侧约50米入口巨石。巨石被围成羊圈，此诗位置较高，但风化严重，文字漫漶，个别字可辨识，保存较差。坐标40.05.33，117.16.46。题诗行数、字径不详。

【注】诗文依《钦定四库全书御制诗五集卷三十》移录。

少林名寺久，津逮自嵩阳。嵩阳昔曾游，彼此千里长。
然而一念间，咫尺非殊疆。调御坐如如，色相泯幻常。
我实忧劳人，豫省廑弗遑。前年被旱苦，咋岁登秋偿。
元气稍复乎，肯因游豫忘。

峻挺轻舆款款升，到来虚牖坐而凭。人劳已逸缘年老，不必人言已自憎。
山松昔茶今重壮，训谕曾教爱护之。作老龙鳞忆王句，长年景况略同其。

清·弘历题《万松寺》诗

乾隆五十四年（1789）

位于万松寺前，骆驼石西侧面石壁，风化严重，漫漶不清，依稀文字可辨识，保存较差。坐标40.05.23，117.15.23。题诗行数不详，字径5厘米，行书。

【注】诗文依《钦定四库全书御制诗五集卷四十六》移录。

游山已历南和北，旋辔应从西及东。老尹喜他日驰驿，弗耽赏返日方中。
泉甘可识涧之甘，茅舍三间古佛龛。不事庄严事幽寂，最宜本色悦瞿昙。

清·弘历题《西甘涧》诗

乾隆五十四年（1789）

位于西甘涧净土庵遗址南侧石壁顶部西侧，风化严重，字迹漫漶，保存较差。坐标40.05.14，117.15.56。题诗竖写九行，字径10厘米，行书。

【注】诗文依《钦定四库全书御制诗五集卷四十六》移录。

山泉无不甘，岂论东与西。一岗为之隔，左右分以齐。然而有何定，常言至理提。试立岗之上，南北各殊晞。向南东为左，西诚为右兮。设使身向北，左右手顿移。左西而右东，炙毂难辨兹。谁能去安排，共尔谈笼倪。东甘涧作，己酉季春御笔。

清·弘历题《东甘涧》诗

乾隆五十四年（1789）三月

位于东甘涧观音庵东侧石壁、风化严重，保存较差。坐标40.05.20，117.16.08。题诗竖写九行，字径8厘米，行书。

清·弘历题《千像寺戏为禅语》诗

乾隆五十四年（1789）三月

位于千像寺遗址西南侧，小路西约100米石壁，保存一般。坐标40.05.20，117.17.45。
题诗竖写八行，字径11厘米，行书。

一相即千相，千乃本乎一。佛语一亦无，其千自何出。然而千手眼，亦标波罗密。
其间是与非，定语难穷述。不如随其名，或可通乎实。
千像寺戏为禅语，己酉季春御笔。

清·弘历题《游古中盘慧因寺》诗

乾隆五十四年（1789）三月

位于盘山东路，古中盘遗址东侧正中崖壁，保存一般。坐标40.05.39，117.16.20。题诗竖写十行，字径10厘米，行书。

【注】"自我始"，在《钦定四库全书御制诗五集卷四十六》为"我自始"。

晓出西北门，山路循迤逦。诡石及奇松，笋舆看画里。入深径逾仄，藏宛曲犹委。遂造梵王居，青莲栖碧巘。题额慧因寺，非古自我始。回头问山僧，可悟慧因旨？
己酉季春游古中盘慧因寺作，御笔。

清·弘历题《望上方寺未至寄题二绝句》诗

乾隆五十四年（1789）三月

位于上方寺西架静室遗址西崖壁，保存较好。坐标40.06.08，117.16.34。
题诗竖写八行，字径11厘米，行书。

半天云罩已弗登，
其下上方犹上层。
立字安名哪有定，
问谁为所问谁能？
竺庵旧识隐嵯峨，
兴到何殊梯几哦。
设向高峰征到点，
笑斯拈韵又为多。
望上方寺未至
寄题二绝句，
己酉季春御笔。

天竺本西方，胡乃东亦有。斯庵具斯名，由来亦已久。处据山之阿，有泉绕左右。盘以松占胜，而此乃以柳。柳径度几曲，莲宇栖平亩。向阳地气润，花木无不茂。山僧善种植，以博游客走。慈柏与古杏，曾屡拈吟手。相逢一輾然，唔此无言友。

清·弘历题《东竺庵》诗

乾隆五十四年（1789）

位于盘山东路，东竺庵遗址石壁，风化严重，漫漶不清，保存较差。坐标40.06.20，117.17.16。题诗竖写十行，字径7厘米，行书。

【注】诗文依《钦定四库全书御制诗五集卷四十六》移录。

清·弘历题《游天成寺漫题》诗

乾隆五十六年（1791）三月

位于天成寺东御路口郭外青山石牌坊南侧下方巨石，石风化严重，保存一般。坐标40.05.06，117.15.42。题诗竖写六行，字径6厘米，行书。

昔游天成寺，始终都乘马。既游天成寺，舆出入山舍。
今却始终舆，忽忽八旬者。青山与古寺，何曾略易也。
恰似迦叶笑，释迦花在把。辛亥季春御题。

摇刖岩岗寻径登，到来心境廓然澄。漫成七字还自问，半属相应半不应。
相应年老尚能游，身体康强众望酬。其不相应即在此，人劳已逸亦知不。

清·弘历题《万松寺二首》诗

乾隆五十六年（1791）

　　位于万松寺前，骆驼石西侧面石壁下部，风化严重，漫漶不清，依稀文字可辨识，保存较差。坐标40.05.23，117.15.23。题诗行数不详，字径6厘米，行书。

【注】诗文依《钦定四库全书御制诗五集卷六十四》移录。

清·弘历题《寄题云罩寺》诗

乾隆五十六年（1791）三月

位于挂月峰定光佛舍利塔西侧崖壁，"去天尺五"题字南约10米，保存一般。坐标40.06.14，117.16.07。题诗竖写九行，字径14厘米，行书。

万峰绝顶栖云罩，
险可策骢弗可舆。
昔勉今诚不必勉，
问心尚觉愧何如。
于游辞老或犹当，
敕政依然励自强。
迟待五年倦勤后，
罢一切可独相羊。
辛亥季春月寄题
云罩寺二首，御笔。

清·弘历题《东甘涧》诗

乾隆五十六年（1791）三月

位于东甘涧观音庵东侧石壁，风化严重，保存一般。坐标40.05.20，117.16.08。题诗竖写八行，字径8厘米，行书。

西既知甘东亦甘，古松待我隔年探。于泉可耳他弗可，疾也之言忆尚谙。

往返游山御筍舆，弗如昔矣略渐予。拈吟终日不涉景，七字聊当注起居。

东甘涧作，辛亥暮春御笔。

清·弘历题《游古中盘慧因寺》诗

乾隆五十六年（1791）

位于盘山东路，古中盘遗址东侧石壁，风化严重，保存较差。坐标40.05.39，117.16.20。题诗竖写九行，字径8厘米，行书。

【注】诗文依《钦定四库全书御制诗五集卷六十四》移录。

寺称古中盘，而实据东谷。却在山庄西，乘闲复游目。舆过千尺雪，石城门路熟。笑看咫尺间，东西究为孰。嶻嶭历松盘，屹嵥陟石曲。精蓝亦犷捵，不事庄严俗。调御坐如如，慧因两无属。

清·弘历题《游天成寺》诗

乾隆五十八年（1793）三月

位于天成寺东御路口郭外青山石牌坊北侧下方巨石，石风化严重，保存一般。坐标40.05.06，117.15.42。题诗竖写九行，字径9厘米，行书。

始终乘马入山乘，弗马惟舆毳毳征。诡石苍松岂有异，明心见性又何曾。
固知偈说无法佛，颇叹跪迎有改僧。小坐仍遵云栈进，遇奇得句兴犹胜。
癸丑季春月游天成寺作，御笔。

清·弘历题《寄题云罩寺》诗

乾隆五十八年（1793）三月

位于挂月峰定光佛舍利塔西侧崖壁，保存完好。坐标40.06.14，117.16.07。题诗竖写六行，字径14厘米，行书。

云罩迢迢诸峰顶，
是诚佛域非尘境。
仄蹊陡栈不可舆，
锦云骓御曾频骋。
迤来弗问路多时，
老年何必强力逞。
强非昨老非今顿，
盖亦由渐类炎冷。
幻真万事率如斯，
吾亦因之发深省。
寄题云罩寺，
癸丑季春月上浣御笔。

清·弘历题《西甘涧》诗

乾隆五十八年（1793）三月

　　位于西甘涧净土庵遗址南侧崖壁北侧面，保存较差。坐标40.05.14，117.15.56。题诗竖写七行，字径10厘米，行书。

【注】诗文依《钦定四库全书御制诗五集卷七十九》移录。

长年怯登高，
云罩望而返。
以之较昔年，
其志一何远。
然亦有后言，
事实殊要缓。
游缓懒何妨，
政要勤尚勉。
万几敢或懈，
六府期胥善。
三年归政后，
一切庶可免。
西谷降而来，
西涧到以宛。
佛宇乃茅檐，
弗尚庄严显。
泉甘味自芳，
试茗供清遣。
西甘涧作，
癸丑季春月上浣御笔。

清·弘历题《过东甘涧弗入》诗

乾隆五十八年（1793）三月

位于东甘涧观音庵东侧石壁，风化严重，保存较差。坐标40.05.20，117.16.08。题诗竖写八行，字径8厘米，行书。

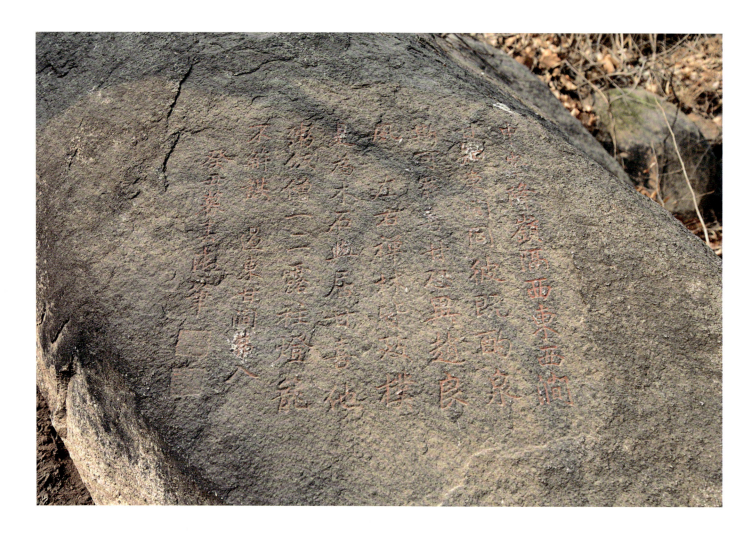

中峰降岭隔西东，西涧甘知东涧同。彼既酌泉斯可罢，喜甘恐异赵良风。
左右禅林皆致朴，是为木石与居甘。喜他粥饭僧一二，露柱灯笼不解谈。
过东甘涧弗入，癸丑暮春御笔。

清·弘历题《游古中盘慧因寺》诗

乾隆五十八年（1793）

位于盘山东路，古中盘遗址东侧正中崖壁，风化严重，漫漶不清，个别文字可辨识，保存较差。坐标40.05.40，117.16.20。题诗行数不详，字径2厘米。

【注】诗文依《钦定四库全书御制诗五集卷八十》移录。

中盘非甚远，乘闲事清游。
减从出北门，弗教鸣七驺。
千迭巡云栈，万派沿溪流。
古寺旋亦造，慧因额昔留。
偶以绎其意，却匪率名酬。
慧者性之灵，因者象之由。
象由性以灵，因慧岂外求。
调御坐堂堂，是义有合不？

清·弘历题《再题千尺雪》诗

乾隆五十八年（1793）三月

位于盘山东路石趣园内，静寄山庄遗址西涧，水库大坝南，"千尺雪"崖壁右侧上部巨石，保存较差。坐标40.05.11，117.16.59。题诗竖写十行，字径10厘米，行书。

一游回必一经斯，不厌频还不免诗。那事推敲诚率略，石泉却似首倾之。
激石飞流万状争，轧軥其势汩潀声。果然体物昌黎独，物不得其平则鸣。
乾隆癸丑季春上浣御笔。

万象回薄
御题

清·弘历题—万象回薄

乾隆六十年（1795）前

　　位于盘山东路，古中盘遗址北面崖壁，崖壁前平台种植树木，题字高于平台约2米余，保存较好。坐标40.05.39，117.16.17。题字横写一行，字径100厘米，正书。

清·朱岷题记

乾隆年间（1736～1795）

位于西甘涧净土庵西南崖壁，石风化严重，保存一般。坐标40.05.12，117.15.55。题记竖写一行，字径9厘米，正书。

《钦定盘山志》卷十四：朱岷《自上方寺踏雪至少林寺观多宝塔》："山腰积雪白层层，扫径偏怜拥帚僧。指点少林云外寺，尚留余兴踏春冰。"

宛平□□仁题紫阳朱岷书

清·弘历题《万松寺》诗

嘉庆二年（1797）

位于万松寺前，骆驼石西侧面石壁，风化严重，漫漶不清，依稀文字可辨识，保存较差。坐标40.05.23，117.15.23。题诗行数、字径不详。

【注】诗文依《钦定四库全书御制诗余集卷十一》移录。

葱胧千转历山椒，
小栈闻钟寺尚遥。
梯几虚窗聊下望，
云生脚底去铺霄。
分明三岁别幽栖，
庄语梵经同示齐。
即我七言聊寄意，
其陈欲去渐昌黎。
云罩尤高懒不登，
弗惟却马却舆乘。
昔今雄怯殊顿异，
气可斯乎志岂应！

清·弘历题《由西甘涧过东甘涧得句》诗

嘉庆二年（1797）

　　位于东甘涧观音庵西约100米路旁巨石上，风化严重，文字漫漶不清，保存较差。坐标40.05.20，117.16.10。题诗行数、字径、书体不详。

【注】诗文依《钦定四库全书御制诗余集卷十一》移录。

万松只是山之半，
揽全蓟野春郊佳。
近村远墅兴农事，
一犁透润无尘埃。
游盘之乐乐在此，
岂缘峰泉清韵谐。
由西过岭即东涧，
泠泠之水其甘皆。
庄园咫尺北门入，
依然问报萦遐怀。

清·弘历题《冷然阁》诗

嘉庆二年（1797）

　　位于盘山东麓，静寄山庄遗址石佛山东谷，钱山东下标御道北侧孤石东侧面，距咏《松》诗约50米，保存较好。坐标40.05.18，117.17.16。题诗竖写七行，字径10厘米，行书。

　　横岭隔东西，高下各殊视。西高半天楼，东下雨花室。有高必有下，万殊惟一理。兹值春日佳，昔曾山庄拟。塞内外何殊，岭东西一耳。而吾每多言，躁不待人鄙。高阁镇冷然，扫之乃所以。冷然阁有作，丁巳□□□□御笔。

清·颙琰题《天成寺》诗

嘉庆八年（1803）闰二月

位于天成寺东御路口郭外青山石牌坊北侧下方石壁，石风化严重，保存一般。坐标40.05.06，117.15.42。题诗竖写八行，字径7厘米，行书。

寻幽初揽天成胜，福善精蓝名凤标。飞瀑纵横侵石骨，乱云层叠锁峰腰。
碑阴蚀字皴青藓，塔影含辉上碧霄。小住又离清净域，笑余世纲岂能消。
天成寺作，嘉庆癸亥闰二月御笔。

清·颙琰题《越李靖舞剑台》诗

嘉庆八年（1803）闰二月

位于万松寺前，骆驼石西约20米石壁，风化严重，字迹漫漶，保存较差。坐标40.05.22，117.15.24。题诗竖写九行，字径7厘米，行书。

早瞻王气超□中，云耸苁茏事业崇。禅□诗时舒紫雷，风云起□□杰□。
志□国士怀□□，□暮文皇远大功。一创凌烟青史善，岂同如年说空空。
越李靖舞剑台，嘉庆癸亥闰中春月御笔。

清·颙琰题《东甘涧》诗

嘉庆八年（1803）闰二月

位于东甘涧观音庵东南约100米路西孤石石壁，风化严重，保存一般。坐标40.05.20，117.16.10。题诗竖写十行，字径7厘米，行书。

寻幽陟深涧，业确石隙回。松林荫白月，悆郁古翠连。东甘纪名迹，化城礼金仙。
僧院最清洁，屋杪悬飞泉。灌注出山下，能沃百顷田。是城大利益，广结欢喜缘。
东甘涧，嘉庆癸亥闰二月御笔。

清·颙琰题《慧因寺》诗

嘉庆八年（1803）闰二月

位于盘山东路，古中盘遗址东北侧小摇动石东侧石壁上，保存较好。坐标40.05.39，117.16.20。题诗竖写九行，字径6厘米，行书。

少林西上古中盘，移步林峦即改观。低涧鸣琴翻淅沥，乔松卷籁下巉岏。

慧因漫悟三生果，禅室欣探方丈宽。去住片时参净业，回看云海万峰端。

慧因寺作，嘉庆癸亥闰中和月，御笔。

清·颙琰题《万松寺》诗

嘉庆二十年（1815）三月

位于万松寺前，骆驼石西北约20米石壁，保存较好。坐标40.05.23，117.15.22。题诗竖写十一行，字径9厘米，行书。

行回西北磴千重，古寺高标额万松。翠盖纷□集鸾凤，苍鳞天镇舞虬龙。
日归友影迎眸洁，风叠寒涛盈耳浓。清佳□凋有万性，不知东岱受秦封。
万松寺，乙亥季春月中浣御笔。

逍遥游

大清同治七年戊辰九月既望，蓟永盐运分使历城王锺霖雨生氏敬题。

清·王锺霖题—逍遥游

同治七年（1868）九月

位于万松寺南侧，塔林北侧巨石壁，保存完好。坐标40.05.22，117.15.25。题字横写一行，字径110厘米；落款竖写三行，正书。

【注】王锺霖，济南历城人，清道光二十四年（1844）举人，曾任蓟州盐运分使。

清·李江题—将军石

同治十一年（1872）

位于紫盖峰西北侧，将军石石壁，保存较好。坐标40.05.57，117.16.04。题字竖写一行，字径18厘米；上下题款竖写二行，隶书。

【注】李江（1833～1883），字观澜，别号龙泉山人，蓟县北赵各庄人。清咸丰五年（1855），考中举人。同治元年（1862）进士，官礼部员外郎。五年（1866），因病乞归故里，兴义塾。九年（1870）隐居穿芳峪龙泉山。李江著作颇丰，主要有《龙泉园集》12卷。《蓟州人物》有传。

清同治十一年
将军石
郡人李江书

清·李江题—响涧

同治十一年（1872）

位于盘山东路石趣园内，水库大坝下西侧崖壁，保存较好。坐标40.05.14，117.16.55。题字横写一行，字径60厘米；两侧落款竖写二行，正书。

【注】《钦定盘山志》："响涧自云净寺一带，水与矶石相角，鸣声彻昼夜，泻至晾甲石下出山。"

清同治十一年

响涧

郡人李江书

清·濮庆孙等游盘山题记

同治十一年（1872）三月十八日

位于天成寺古佛舍利塔东北侧石壁，保存一般。坐标40.05.06，117.15.33。题记竖写四行，字径15厘米，隶书。

【注】濮庆孙，钱塘（今绍兴）人，清同治年进士，曾任顺德、河间等知县。

寻銮晋，荣河（今山西运城市荣河镇）人。清同治年进士，曾任翰林院庶吉士，直隶县知县。曾主持编修《荣河县志》。同治十一年（1872）任蓟州知州。

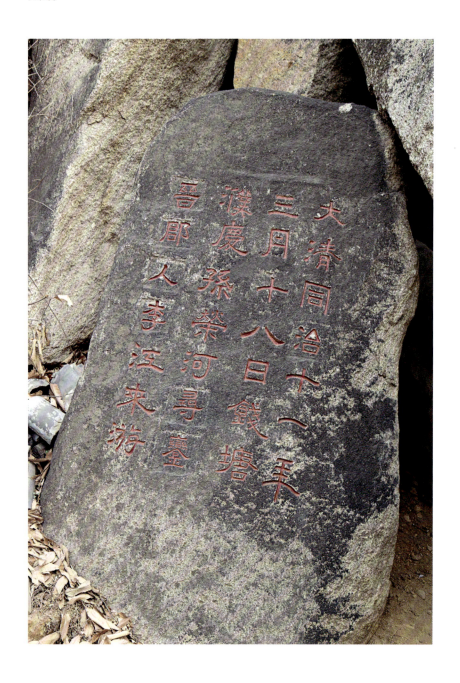

大清同治十一年三月十八日，钱塘濮庆孙、荣河寻銮晋、郡人李江来游。

清·寻銮晋等游盘山题记

同治十一年（1872）三月

位于万松寺南，神牛福地东，山路东石壁，保存较好。坐标40.05.16，117.15.36。题记竖写五行，字径14厘米，隶书。

荣河寻銮晋、郡人李江来游，清同治十一年三月记。

清·寻銮晋等游盘山题记

同治十一年（1872）三月

　　位于西甘涧净土庵遗址石壁，保存完好。坐标40.05.12，117.15.55。题记竖写四行，字径13厘米，隶书。

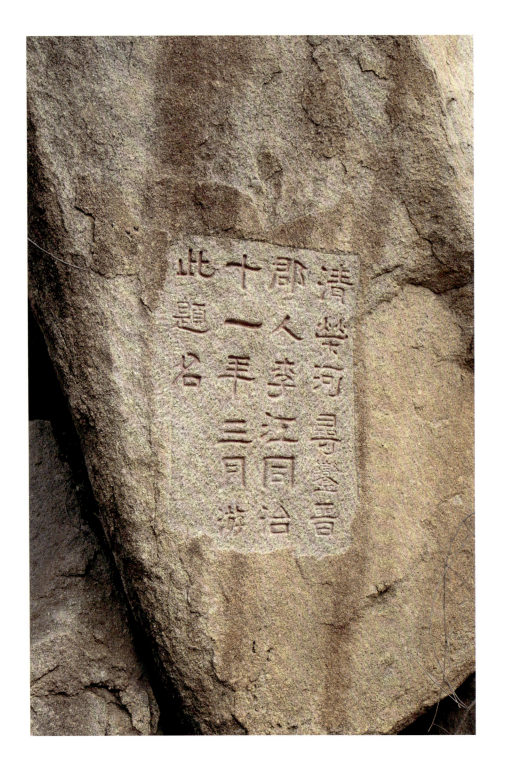

清荣河寻銮晋、郡人李江，同治十一年三月游此题名。

清·寻銮晋题—奇境

同治十一年（1872）

位于云罩寺西南崖壁上，保存完好。坐标40.06.00，117.16.05。题字竖写一行，字径42厘米；上下款竖写二行，正书。

清同治十一年
奇境
荣河寻銮晋题

清·寻銮晋等游盘山题记

同治十一年（1872）三月

　　位于上方寺西架静室遗址西崖壁，保存较好。坐标40.06.08，117.16.34。题记竖写四行，字径10厘米，隶书。

荣河寻銮晋、郡人李江，同治十一年三月游山至此。

清·寻銮晋等游盘山题记

同治十一年（1872）

位于盘山东路，少林寺遗址东，舍利塔塔基下"红龙池"北巨石石壁上，保存较好。坐标40.05.32，117.16.40。题记竖写四行，字径13厘米，正书。

清人寻銮晋锡侯、李江观澜自蓟城来游，同治壬申春月。

清·郑心斋书重修石门桥道题记

光绪五年（1879）九月

位于"入胜"石北侧石壁，保存较好。坐标40.04.54，117.15.40。题记竖写六行，字径18厘米，正书。

大清光绪己卯年菊月谷旦重修石门桥道。

经理人：广泰德、广益长、万发春、李万昌、张午堂，

郑心斋书。

清·陈国瑞题——一览众山小

光绪八年（1882）前

位于挂月峰南侧崖壁上，保存较好。坐标40.06.13，117.16.07。题字竖写一行，字径28厘米；落款竖写一行，正书。

【注】陈国瑞（1836～1882），字庆云，湖北应城人。清咸丰年间，因平捻立功，加副将衔。同治年间，赐黄马褂、头品顶戴。后授浙江处州镇总兵。后降都司，勒令回原籍。因牵连论罪，戍黑龙江。光绪八年（1882），卒于戍所。

一览众山小
陈国瑞书

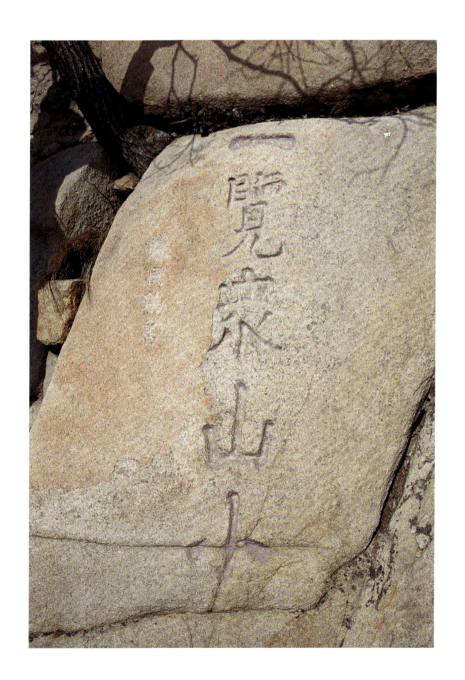

近日

陈国瑞题

清·陈国瑞题—近日

光绪八年（1882）前

位于云罩寺自来峰钟亭前石壁，保存完好。坐标40.06.16，117.16.05。题字横写一行，字径49厘米；落款竖写一行，正书。

清·陈国瑞题—卿云拜佛石

光绪八年（1882）前

    位于自来峰北坡下约300米，英司沟半腰崖壁，黄龙祖洞洞口石上，保存完好。坐标40.06.19，117.16.04。题字竖写一行，字径20厘米；落款竖写一行，正书。

卿云拜佛石
陈国瑞书

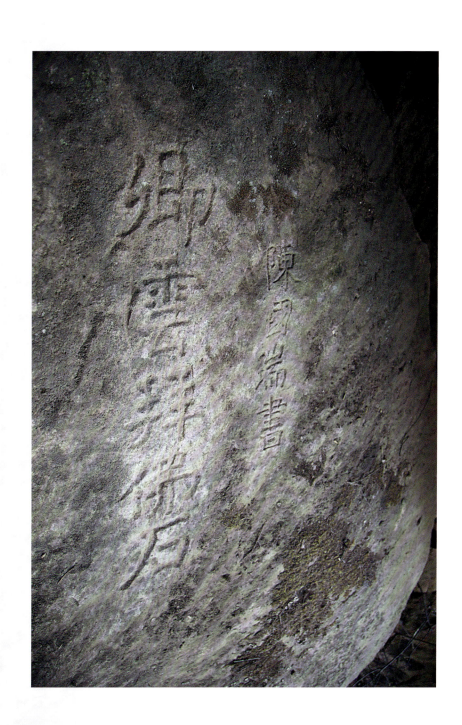

清·陈国瑞题—攒云

光绪八年（1882）前

　　位于云罩寺南口，南天门阁西崖壁，保存较好。坐标40.06.07，117.16.08。题字横写一行，字径50厘米；落款竖写一行，正书。

攒云

陈国瑞书

方开悟界
李江题

清·李江题—方开悟界

光绪九年（1883）前

　　位于上方寺大殿北侧约80米沟内卧石石壁，保存较好。坐标40.06.11，117.16.35。题字横写一行，字径18厘米；落款竖写二行，正书。

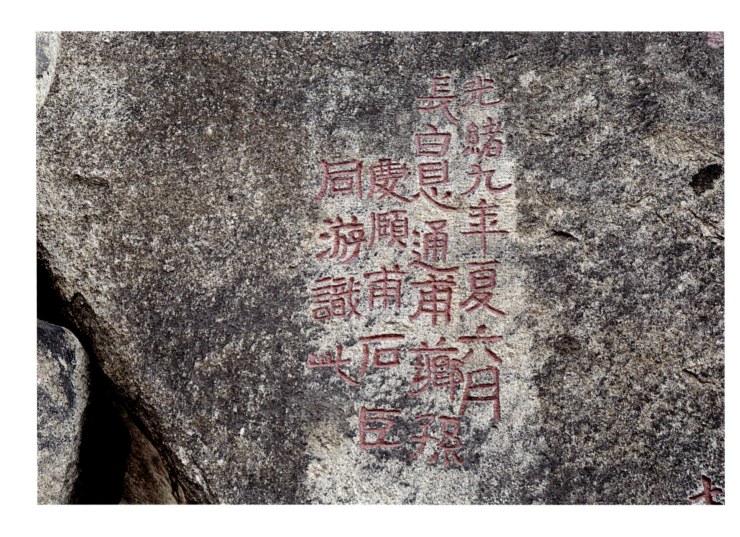

光绪九年夏六月，长白思通、甫芗、孙庆颐、甫石臣同游识此。

清·思通等游盘山题记

光绪九年（1883）六月

位于天成寺古佛舍利塔东北侧石壁，保存完好。坐标40.05.06，117.15.33。题记竖写四行，字径17厘米，正书。

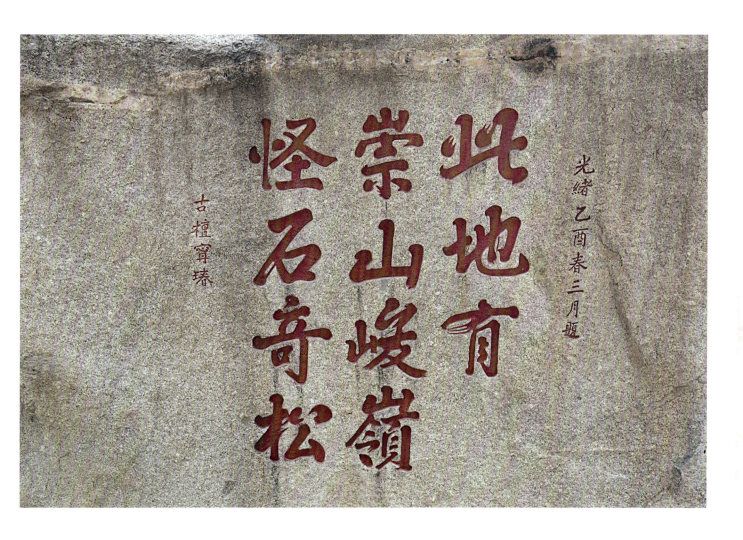

光绪乙酉春三月题，此地有崇山峻岭，怪石奇松，古檀宁瑃。

清·宁瑃题记

光绪十一年（1885）三月

　　位于盘山景区山门"入胜"石北，天成寺南，路东"元宝石"上，保存完好。坐标40.04.56，117.15.36。题字竖写三行，字径14厘米；落款竖写二行，正书。

【注】宁瑃，古檀（今密云）人。光禄寺署正，加员外郎衔，河南新蔡知县。卒于官职。

光绪十四年八月九日，粤东香山唐廷枢、徐润、李植昭、刘光廉同游并志。

清·唐廷枢等游盘山题记

光绪十四年（1888）八月九日

位于天成寺古佛舍利塔东北侧石壁，保存完好。坐标40.05.06，117.15.33。题记竖写七行，字径12厘米，隶书。

【注】徐润（1838～1911），又名以璋，字润立，号雨之，别号愚斋。香山县北岭乡（今广东珠海市北岭村）人。少入洋行学徒，后接任副买办之职。与他人合开商号，靠经营茶叶起家。后投资房地产业。与唐廷枢一同组建轮船招商局。开办保险公司，收买商业船队，控制长江及沿海航运，奠定了中国近代航运业的基础。投资开平煤矿及平泉铜矿等多处矿产，为创办中国近代采矿业做出了贡献。创办格致书院、仁济医院、中国红十字会等，其中影响最为深远的当数派中国幼童官费赴美留学和创办同文书局。

唐廷枢（1832～1892），初名唐杰，字建时，号景星，又号镜心，广东香山县唐家村（今广东省珠海市唐家湾镇）人。当过翻译，投资当铺，后担任怡和洋行买办。建立同业公所。控股华海轮船公司等。同治十二年（1873），唐廷枢离开怡和洋行，与徐润一同参与轮船招商局改组工作。清光绪二年（1876）年，筹办开平煤矿。

刘光廉，字吉六，号吉翁。是唐、徐的同乡和密友，也曾是轮船招商局的大股东和要员，后因还款问题遭到挤压，遂追随唐、徐北上。

清·王忠荫题—鸣驺入谷

光绪十五年（1889）三月

　　位于盘山景区山门北，"入胜"石西侧孤石，保存完好。坐标40.04.54，117.15.38。题字竖写一行四字，字径28厘米，正书；落款竖写三行，行楷书。

【注】锡山，今无锡市。

鸣驺入谷

光绪十有五年暮春下浣，偕同里周耀珊先生，钱小耘妹倩同游志此，

权蓟州知州事锡山王忠荫题书。

清·陆兆焘等游盘山题记

光绪二十年（1894）九月十日

位于天成寺古佛舍利塔东北侧石壁，保存完好。坐标40.05.06，117.15.33。题记竖写四行，字径12厘米，正书。

【注】古吴，今苏州市。润州，今镇江市。白下，今南京市。

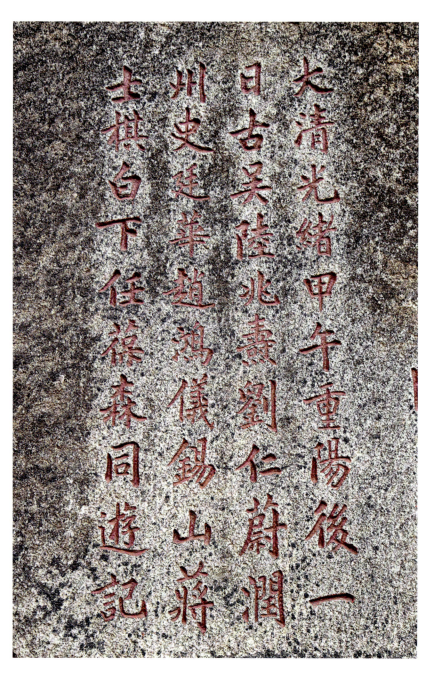

大清光绪甲午重阳后一日，古吴陆兆焘、刘仁蔚，润州史廷华、赵鸿仪，锡山蒋士棋，白下任葆森同游记。

光绪壬寅暮春，寿子年、溥筱峰偕弟玉岑同游宿此。

清·寿子年等游盘山题记

光绪二十八年（1902）三月

位于天成寺古佛舍利塔东北侧石壁，保存较好。坐标40.05.06，117.15.33。题记竖写七行，字径17厘米，正书。

清·荣禄题—摩天

光绪二十九年（1903）前

位于云罩寺西南，朝天门北山路旁巨石，保存完好。坐标40.06.00，117.16.05。题字竖写一行，字径200厘米；落款竖写一行，正书。

摩天
长白荣禄

长白景佩珂、清阶平、奎绍襄，渔阳许子谦同游题名。

清·景佩珂等游盘山题记

宣统三年（1911）前

位于天成寺古佛舍利塔北侧石壁，保存完好。坐标40.05.06，117.15.34。题记竖写四行，字径25厘米，正书。

清·观荣题—梅仙广

宣统三年（1911）前

位于天成寺东北，梅仙洞洞口石壁，保存一般。坐标40.05.09，117.15.38。题字竖写一行，字径15厘米，正书。

【注】蓟州名宿观荣，字梅林，著有盘山诗300首，其弟刊印遗诗，称《挂月山庄诗抄》。

槑仙广

清·龙纹雕刻

宣统三年（1911）前

位于盘山东路，报国寺遗址前石壁，保存一般。坐标40.05.59，117.17.01。线刻，两角四爪，头下尾上，高约3.5米。未见描黑。

【注】龙纹雕刻现被围在农家院内西侧。龙纹旁有"黄龙池"三字，从字体、位置以及内容上，疑为后人刻画。

清·古中盘碑形崖壁

宣统三年（1911）前

　　位于盘山东路，古中盘正法禅院遗址，"正法碑记"东偏南约30米崖壁，风化严重，漫漶不清，保存较差。坐标40.05.38，117.16.18。题记呈碑形制，圭首，内有文字六行，外侧各一行。

大唐□

清·春庵子题记

宣统三年（1911）前

位于上方寺东南约100米石壁，保存较差。坐标40.06.07，117.16.38。题记竖写一行，字径10厘米，正书。

太宗伯孙春庵子书此

清·佚名题—喝断石

宣统三年（1911）前

位于上方寺东南山路旁，龙凤庵前孤石，保存较差。坐标40.06.05，117.16.25。题字竖写一行，字径30厘米，正书。

喝断石

超凡

玉田李荣台偕友李秉钧、王彝铭、刘荣第、张维蘅、夏文中并子崇金寓此,

民国九年重九日留题。

民国·李荣台题—超凡

民国九年（1920）九月九日

位于天成寺阁东入口石壁，保存较好。坐标40.05.05，117.15.38。题字竖写一行，字径36厘米；落款竖写四行，正书。

孙庆泽、刘盛德、梁西川、徐士骥、陆公达，民国九年十月初游。

民国·孙庆泽等游盘山题记

民国九年（1920）十月

位于梅仙庵东侧石壁，保存完好。坐标40.05.09，117.15.38。题记竖写八行，字径19厘米，正书。

【注】孙庆泽，玉田人，曾任民国河北省黄河河务局局长。

民国·董宪章等题—名山古寺

民国十三年（1924）三月十五日

位于万松寺前，骆驼石石壁南面，保存完好。坐标40.05.23，117.15.23。题字竖写一行，字径67厘米；落款竖写三行，正书。

名山古寺
玉田董宪章、深县郑安晋同题，民国甲子年三月十五。

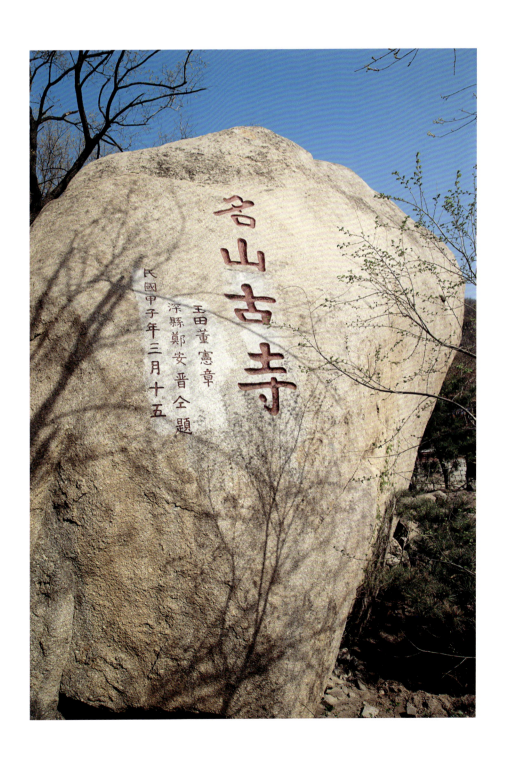

盘山内有五峰八石，景致幽雅，为京东第一名胜。民国乙丑春，为蓟匪盘踞，
遂致名胜之区变为盗贼渊薮。光耀等奉命剿除，曾将该匪肃清，而盘山原有状态始得恢复。
特于临去之际，偶缀数语，以留鸿爪之迹云尔。
京兆守备队第五路司令王光耀、副官刘岐、书记官简文雍留题。

民国·王光耀剿匪题记

民国十四年（1925）

　　位于万松寺前，骆驼石西侧石壁，保存较好。坐标40.05.22，117.15.22。题记竖写
十二行，字径6厘米，正书。

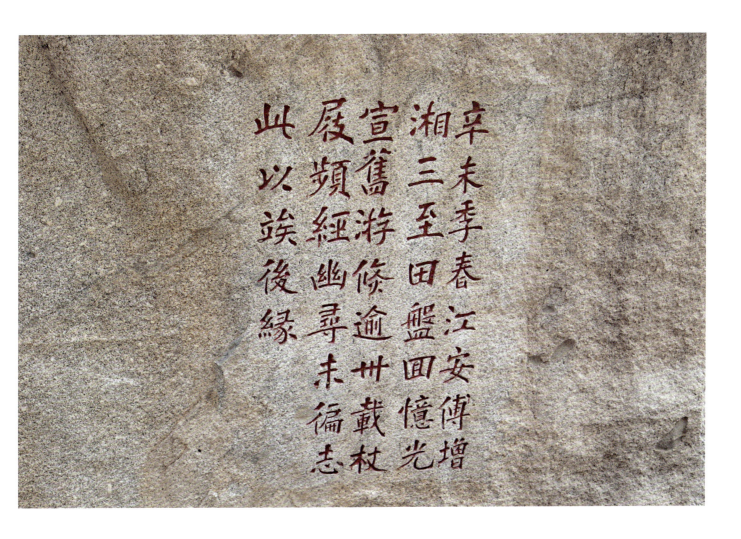

辛未季春江安傅增湘三至田盘，
回忆光宣旧游，倏逾卅载，杖屦频经，
幽寻未遍，志此以俟后缘。

民国·傅增湘三游盘山题记

民国二十年（1931）三月

位于盘山景区山门"入胜"石北，天成寺南，路东"元宝石"上，保存完好。坐标40.04.56，117.15.36。题字竖写五行，字径14厘米，正书。

民国·傅增湘等游盘山题记

民国二十年（1931）三月

位于主路旁，"真空"桥南石壁，保存完好。坐标40.05.03，117.15.38。题记竖写四行，字径17厘米，正书。

【注】傅增湘（1872～1949），字叔和，号沅叔，别署双鉴楼主人、藏园居士、藏园老人、清泉逸叟、长春室主人等，四川宜宾江安人。清光绪二十四年（1898）进士，选入翰林院为庶吉士。曾任贵州学政、故宫博物院图书馆馆长等。1917年12月至五四运动前，曾入内阁任教育总长。傅氏工书，善文，精鉴赏。尤以藏书为大宗，世所闻名，是现当代著名藏书家。

周学渊，原名学植，字立之，晚年自号息翁，安徽东至人。清两广总督周馥第五子。清光绪二十九年（1903）进士，历任广东候补道、改山东候补道、军机处存记。1906年任山东大学校长，1909年任山东调查局总办。喜读书吟诗，遨游山水，曾与辜鸿铭等组建诗社。所留诗稿甚多，惜多散失。郑孝胥称其"颇有才调"。著有《晚红轩诗存》，辑有《张李二君诗存》《八家闻适诗选》等。

江庸（1878～1960），字翊云，晚号澹翁，四川璧山（今重庆市）人，祖籍福建长汀。1901年，留学日本早稻田大学。先后任学部司员兼京师法政学堂总教习、修订法律馆专任纂修兼法律学堂总教习、大理院详谳处推事等职。后授大理院正六品推事，兼任京师法律学堂监督。民国初，留任大理院推事兼北平法政专门学校校长，后任京师高等审判厅厅长、司法部次长、总长；日本留学生总监督、法律编查馆总裁，兼故宫博物院古物馆馆长。1924年，设立律师事务所，创办法律周刊，受聘国立法政大学校长。1938年，被选为国民参政会参议员。1949年，出席第一届中国人民政治协商会议第一次全体会议，并被推选为全国政协委员。之后，任政务院政治法律委员会委员、华东军政委员会人民监察委员会委员、上海市文史研究馆副馆长、馆长。第一、二届全国人大代表。

邢端（1883～1959），字冕之，号蛰人，笔名新亭野史，贵州贵阳人。1901年举人，1904年进士。日本大阪高等工业预备学校及东京法政大学毕业。历任翰林院检讨、奉天八旗工厂总办、天津工业学堂监督、北洋政府工商部佥事、图书馆主任、农商部技监；农商部矿政司司长、工商司司长、普通文官惩戒会委员、善后会议代表、井陉矿务局总办。1951年，被聘为中央文史研究馆馆员。邢端长于山志掌故，精书法，工楷、行书。著有《黄山游记》《齐鲁访碑记》等。

周肇祥（1880～1954），字嵩灵，号养庵，又号无畏，别号退翁，室名宝瓿楼，浙江绍兴人。清末举人。自清宣统二年（1910）起，任奉天警务局总办、奉天劝业道、盐运史、警务局督办兼屯垦局局长。1912年，加入统一党，后转为进步党，任北洋政府京师警察总监及山东盐运使。1915年，袁世凯称帝，授上大夫加少卿衔。1917年代理湖南省省长、湖南省财政厅厅长。1920年，任奉天葫芦岛商埠督办，后任清史馆提调。1925年，任临时参政院参政。1926年，任古物陈列所所长。

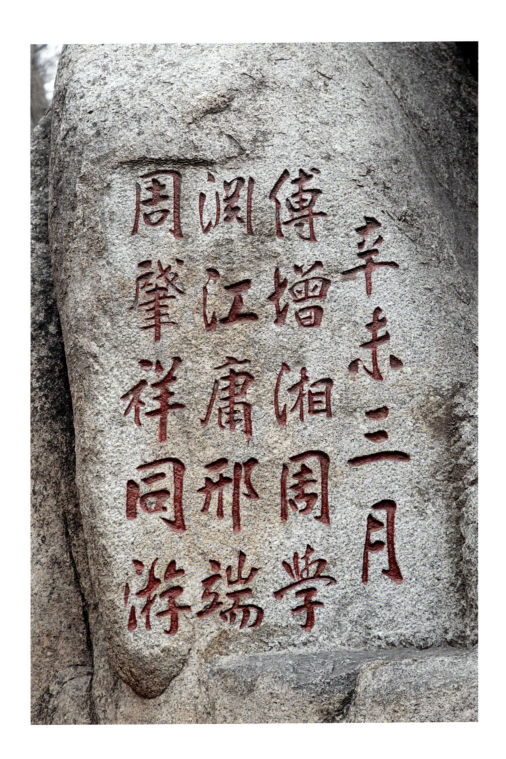

辛未三月，傅增湘、周学渊、江庸、邢端、周肇祥同游。

民国·陈兴亚题—四正门径

民国二十一年（1932）六月

　　位于盘山景区山门"入胜"石北，路西崖壁，保存完好。坐标40.04.54，117.15.38。题字竖写一行，字径34厘米；落款竖写二行，正书。

【注】陈兴亚（1882～1959），字介卿，辽宁海城县（今海城市）人。清末举人，光绪三十三年（1907），日本振武学校陆军宪兵练习所士官班毕业。1920年直皖战争后，投靠了张作霖，出任国务院咨议兼京师宪兵司令。1922年，出任东北（奉天）宪兵司令。陈兴亚于1926年调任京师警察总监，后升为陆军中将。1928年归东北，任国民革命军东北边防军宪兵司令。九一八事变后，陈兴亚辞去宪兵司令，任北平绥靖公署参事，不久，即在北京闲居。

四正门径
民国壬申六月
海城陈兴亚

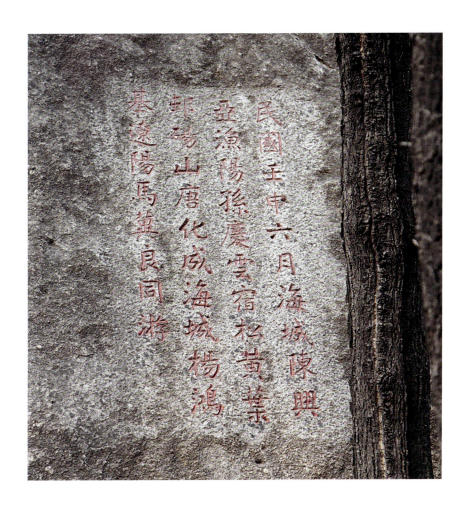

民国壬申六月，

海城陈兴亚、渔阳孙庆云、宿松黄叶邨、砀山唐化成、海城杨鸿基、辽阳马冀良同游。

民国·陈兴亚等同游题记

民国二十一年（1932）六月

位于盘山景区山门"入胜"石北，天成寺南，路西，"元宝石"对面石壁，保存完好。坐标40.04.54，117.15.38。题字竖写四行，字径10厘米，正书。

【注】黄叶邨（1911～1987），原名厚甫、又名黄叶村，别号后父、竹痴、老园丁、听雨老人。室名镜湖草堂、听雨楼和耕石斋；宿松（今芜湖市）人。少从师汪福熙，奠定了艺术发展的基调。黄叶邨书画金石均有精深的造诣，水墨、青绿并能，工笔写意兼擅，其山水和墨竹功力为近现代所仅见，且兼工花鸟，能诗善书，修养全面，生前被誉为"江南一枝竹"。他也是继陈子庄、黄秋园之后，第三位生前困顿湮没，死后备受推崇的艺术名家。历芜湖市文联画家、安徽省美协会员、省文史馆馆员。芜湖市民革成员，芜湖市第六届政协委员，中山书画社会员。出版《黄叶邨画集》。

唐化成，砀山（今宿州）人。曾任典史、四品顶戴、员外郎衔候补选主事。

民国·陈兴亚题—幽境

民国二十一年（1932）六月

位于天成寺东侧偏南15米石壁，保存较好。坐标40.05.06，117.15.36。题字竖写一行，字径25厘米；落款竖写五行，正书。

幽境
王衡《游盘山记》云：
幽则数天城。
今游此刹，
果如其言。
民国壬申六月，
海城陈兴亚。

民国·陈兴亚题—听涛

民国二十一年（1932）

位于万松寺西南侧石壁，保存较好。坐标40.05.20，117.15.22。题字竖写一行，字径30厘米；落款竖写一行，正书。

【注】陈兴亚游盘山，留下多处题刻，除此题字外，时间皆为民国二十一年，即1932年，故此题字时间应为同年。

听涛
陈兴亚题

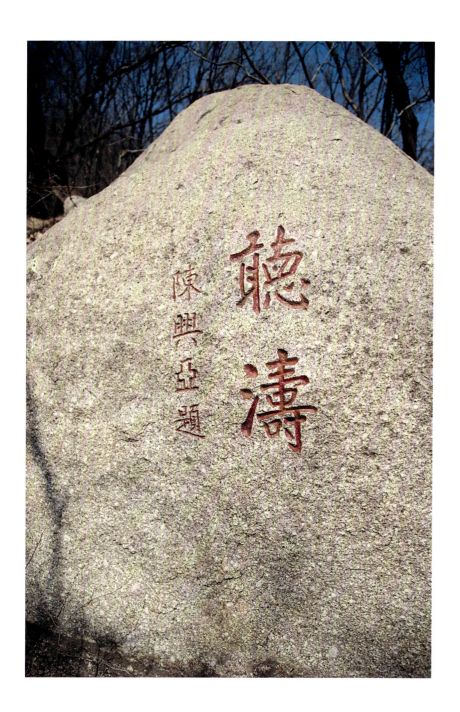

民国·陈兴亚题记

民国二十一年（1932）六月

位于上方寺西架静室遗址西崖壁，保存较好。坐标40.06.08，117.16.34。题记竖写四行，字径20厘米，正书。

民国壬申六月，海城陈兴亚登悬空、上天门、入白猿。

民国·陈兴亚题—东方极乐

民国二十一年（1932）六月

　　位于千像寺遗址北，静寄山庄摇动石东北30米崖壁，保存一般。坐标40.05.28，117.17.48。题字竖写一行，字径20厘米；上下款竖写二行，正书。

民国壬申六月

东方极乐

海城陈兴亚题

民国·陈兴亚题记

民国二十一年（1932）六月二十二日

位于盘山西麓入山南岔路弥勒峰下，双峰寺遗址东约50米路旁北侧石壁上，保存一般。坐标40.05.35，117.14.53。题记竖写三行，字径12厘米，正书。

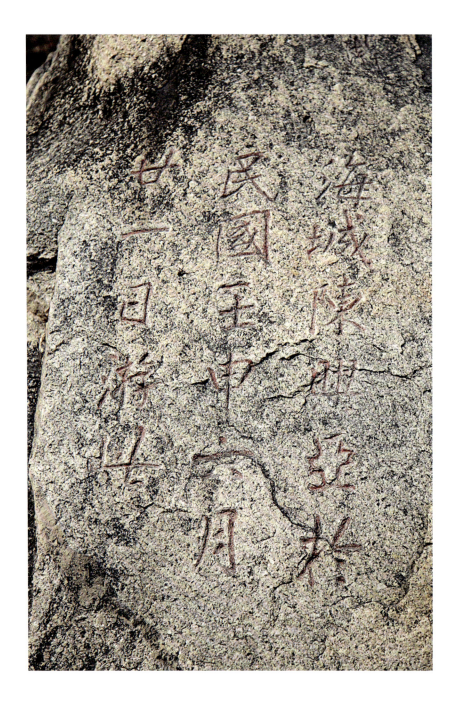

海城陈兴亚于
民国壬申六月
廿一日游此。

民国·抗日标语一

民国三十四年（1945）前

位于盘山东路，石趣园正门入口约50米路旁西侧石壁北面，保存一般。坐标40.04.54，117.17.05。标语横写一行，字径60厘米，正书，线刻双钩。

中国人不打中国人

民国·抗日标语二

民国三十四年（1945）前

位于盘山东路，石趣园正门中间主路北侧石壁，保存一般。坐标40.04.54，117.17.05。标语横写一行，字径50厘米，正书，线刻双钩。

给日本作事最可耻

民国·抗日标语三

民国三十四年（1945）前

位于盘山东路，石趣园正门中间主路西侧，大坝南巨石，保存一般。坐标40.04.54，117.17.05。标语竖写三行，字径40厘米，正书，线刻双钩。

欢迎满洲队参加抗日军

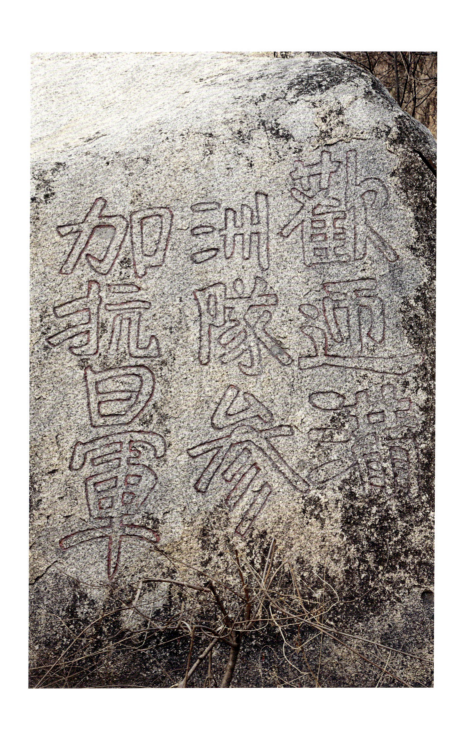

民国·抗日标语四

民国三十四年（1945）前

　　位于盘山东路，石趣园正门中间主路西侧，大坝南孤石，保存一般。坐标40.05.00，117.17.05。标语竖写三行，字径25厘米，正书，线刻双钩。

你听东北上
哭哪！冷啊！饿呀！

民国·抗日标语五

民国三十四年（1945）前

位于盘山东路，石趣园正门中间主路西侧，大坝南孤石，保存一般。坐标40.05.00，117.17.05。标语竖写三行，字径40厘米，正书，线刻双钩。

反正过来的有重赏

民国·抗日标语六

民国三十四年（1945）前

位于盘山东路，石趣园正门中间主路西侧，大坝南孤石，保存一般。坐标40.05.00，117.17.05。标语横写一行，字径50厘米，正书，线刻双钩。

誓雪国耻

民国·抗日标语七

民国三十四年（1945）前

　　位于盘山东路，石趣园正门中间主路西侧，大坝南石壁，保存一般。坐标40.05.04，117.17.05。标语竖写二行，字径50厘米，正书，线刻双钩。其中"本"字倒刻。

打倒日本

民国·抗日标语八

民国三十四年（1945）前

位于盘山东路，石趣园西侧山路旁石壁，保存较好。坐标40.05.00，117.17.00。标语横写一行，字径40厘米，正书。

抗战到底

民国·抗日标语九

民国三十四年（1945）前

位于盘山东路，石趣园中间主路北侧石壁，保存较差。坐标40.04.54，117.17.05。标语横写一行，字径45厘米，正书，线刻双钩。

中国人不给日本人作事

民国·抗日标语十

民国三十四年（1945）前

位于盘山东路，砖蓟路左侧，砖瓦窑村三大队假日山庄院内巨石，保存较好。坐标40.02.15，117.21.48。标语竖写三行，字径40厘米，正书。

誓死
消灭日本
鬼子

招隐
许以栗题

民国·许以栗题—招隐

1949年前

　　位于盘山景区山门"入胜"石北，"四正门径"东侧石壁，保存完好。坐标
40.04.54，117.15.38。题字横写一行，字径20厘米；落款竖写一行，隶书。

【注】许以栗（1885～1967），字忍盦，号琴伯。清光绪三十一年（1905）岁试杭州府学邑庠生。后赴
日留学。宣统三年（1911）在日加入中国同盟会，追随孙中山参加辛亥革命。民国后历任北平京兆尹秘
书、甘肃省秘书、礼贤县长、西北十三军政治部长、南京内政部视察、霸县县长、天津市府秘书。许以
栗是民国津沽"城南诗社"的核心人物，与赵元礼颇多唱和。1949年后为民革成员，北京书法研究会会
员、中央文史馆馆员。擅长书法、金石篆刻。

清季遗民滇叟到此

民国·佚名题记

1949年前

位于天成寺古佛舍利塔东北侧石壁，保存一般。坐标40.05.06，117.15.33。题记竖写四行，字径15厘米，行书。

民国·佚名题—说法台

1949年前

　　位于盘山东路，少林寺遗址西北，古中盘塔院遗址北巨石南面，保存较好。坐标40.05.38，117.16.25。题字竖写一行，字径40厘米，正书。

说法台

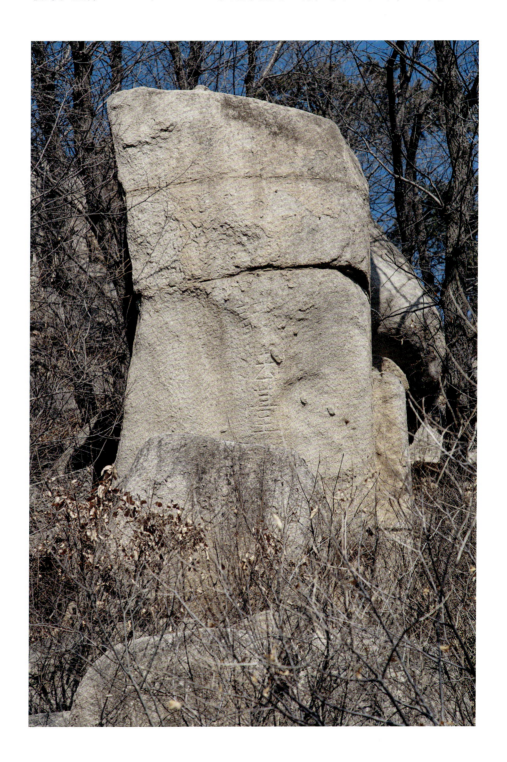

立沛甘霖

民国·佚名题—立沛甘霖

1949年前

位于盘山东路，少林寺遗址东，舍利塔塔基下"红龙池"北巨石石壁上，保存较好。坐标40.05.32，117.16.40。题字横写一行，字径35厘米，正书。

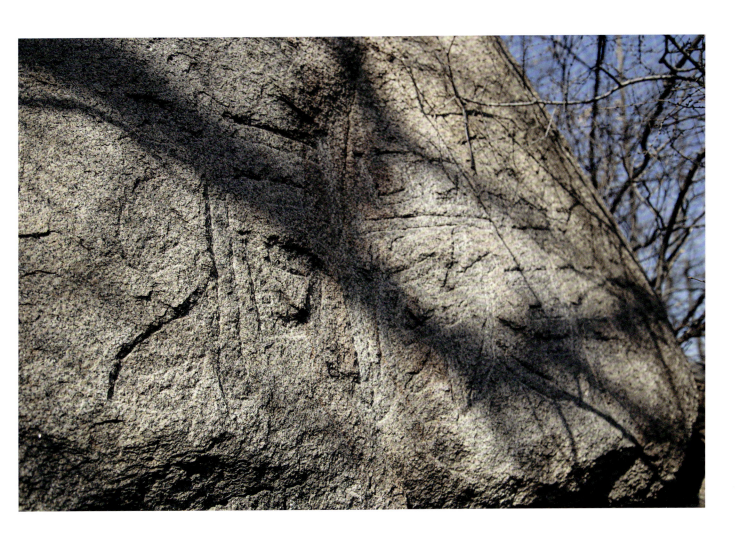

华严洞

民国·佚名题—华严洞

1949年前

　　位于盘山东路，少林寺西北，砖瓦窑村一队部西北约800米山坡石洞洞额，保存较好。坐标40.05.35，117.16.24。题字横写一行，字径50厘米，正书，线刻双钩。

民国·佚名题—黑水

1949年前

位于盘山东路，报国寺遗址下方，黑龙潭沟内深处西侧崖壁，保存一般。坐标40.05.50，117.16.51。题字竖写一行，字径35厘米，篆书；有落款，无法辨识。

【注】疑题字为"黑水潭"。

黑水

民国·佚名题诗

1949年前

位于上方寺东南60米铁门附近孤石，石上堆砌柴垛，石风化，保存较差。坐标40.06.03，117.16.36。题诗存五行，字径10厘米，正书。

野寺武僧少，山园□路高。麝香眠石竹，鹦鹉啄金桃。
乱石通人过，悬崖置□牢。上方重阁号，百里□□□。

去天尺五

民国·佚名题—去天尺五

1949年前

　　位于挂月峰喘气岩崖壁，保存较好。坐标40.06.14，117.16.07。题字横写一行，字径48厘米，隶书。

民国·佚名题—舍利塔界

1949年前

位于云罩寺西南，盘谷寺东北崖顶，朝天门西御道旁孤石，保存一般。坐标40.05.44，117.15.57。题字竖写二行，字径24厘米，正书。

舍利塔界

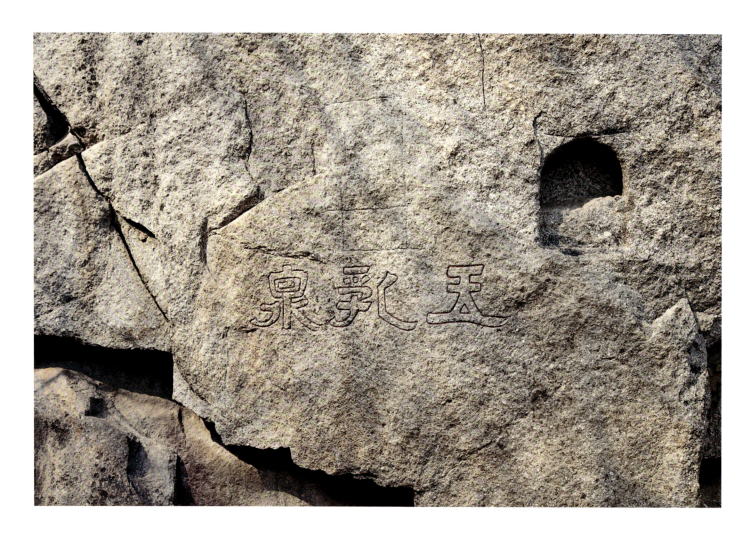

玉乳泉

民国·佚名题—玉乳泉

1949年前

　　位于盘谷寺遗址西侧，玉乳泉井北崖壁上，保存较好。坐标40.05.38，117.15.55。题字横写一行，字径25厘米，隶书，线刻双钩。

民国·佚名题—令人目远

1949年前

位于西甘涧西侧，山路西石壁，保存一般。坐标40.05.15，117.15.57。题字竖写一行，字径15厘米，行书。

【注】《盘山金石志》有"□□山人"，今未见。

令人目远

深秀幽奇
宛平·张殿魁

民国·张殿魁题—深秀幽奇

1949年前

　　位于西甘涧净土庵遗址石壁，保存较好。坐标40.05.15，117.15.57。题字横写一行，字径40厘米，正书；落款竖写一行，正书。

民国·神牛之墓

1949年前

位于欢喜岭上，山路西侧巨石壁，风化严重，保存一般。坐标40.05.17，117.15.34。碑圆首，方座，竖写一行，字径15厘米，正书。

神牛之墓

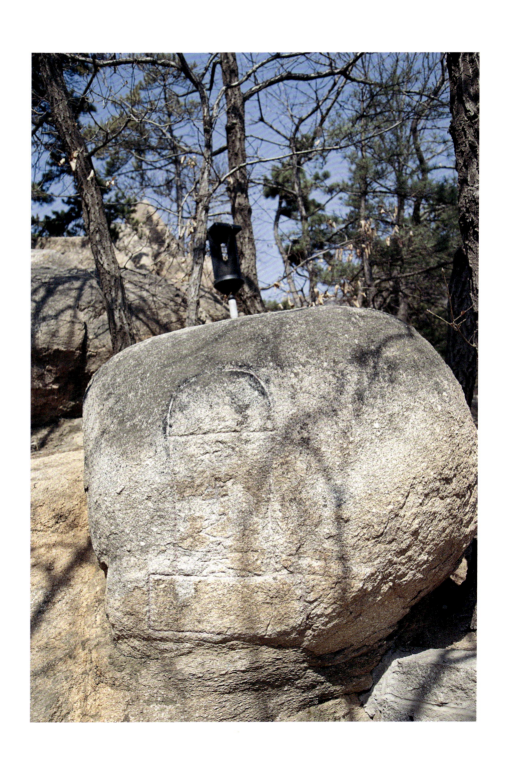

民国·王显屏等游盘山题—遏凡尘

1949年前

　　位于天成寺东，御路十八道弯石壁，保存完好。坐标40.05.13，117.15.43。题字横写一行，字径34厘米；落款竖写七行，正书。

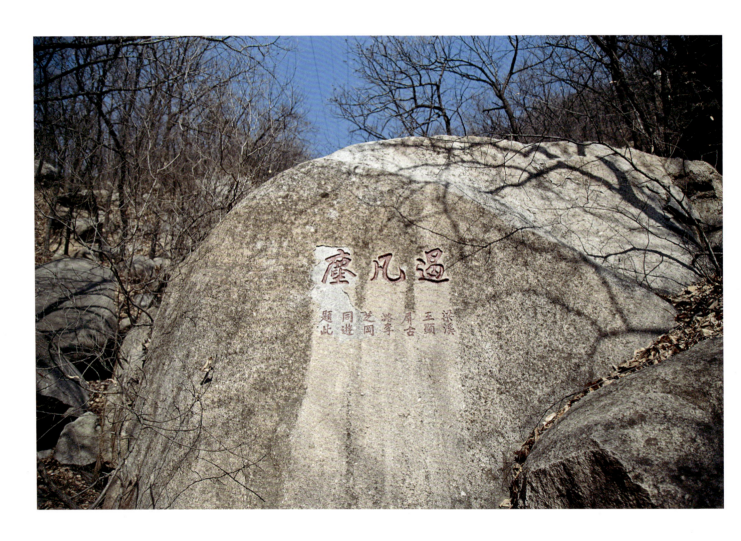

遏凡尘
梁溪王显屏、古潞李芝冈同游题此。

民国·王恒彬题—真空

1949年前

　　位于天成寺南，主路东侧，"真空"桥旁石壁，保存完好。坐标40.05.03，117.15.38。题字竖写二行，字径45厘米，正书。

真空
精阳王恒彬

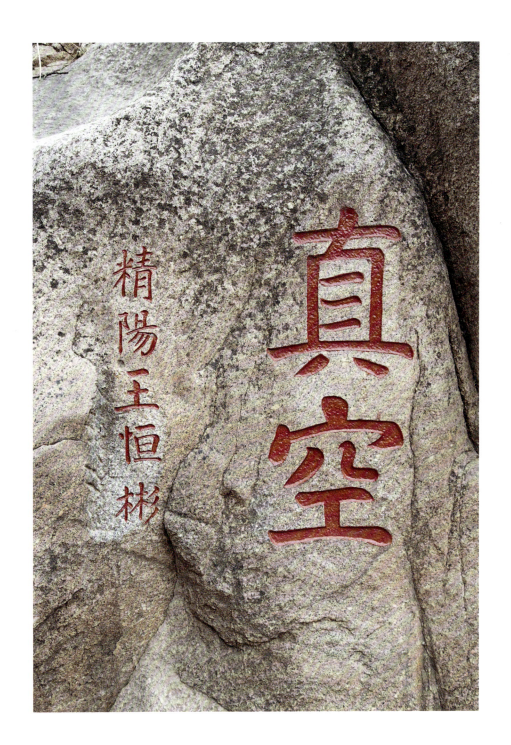

佚名题—天风云鹤

年代不详

　　位于天成寺大殿西侧崖壁，保存完好。坐标40.05.06，117.15.33。题字竖写二行，字径58厘米，正书。

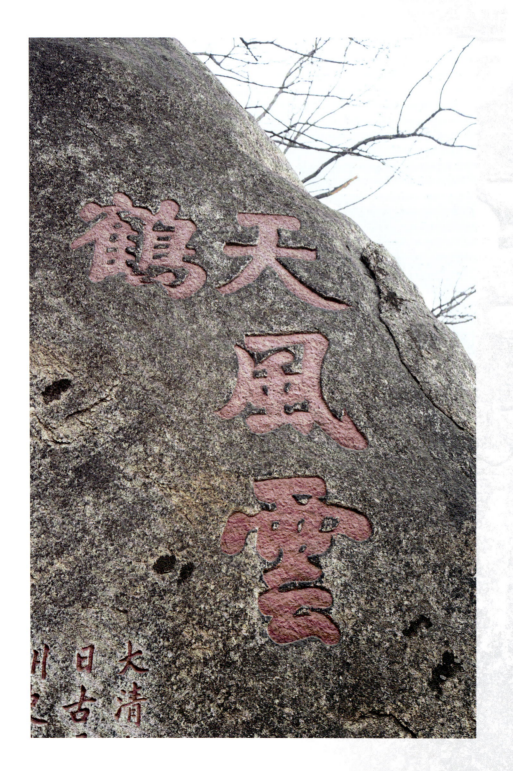

天风云鹤

梅庵题—仙人桥

年代不详

　　位于万松寺东侧，仙人桥石上，保存较好。坐标40.05.25，117.15.27。题字竖写一行，字径40厘米，篆书；落款竖写一行，正书。

仙人桥

梅庵书

佚名题—念佛

年代不详

　　位于西甘涧念佛洞石壁，保存一般。坐标40.05.15，117.15.56。题字竖写一行，字径68厘米，正书。

念佛

佛

佚名题—佛

年代不详

　　位于瑞云庵遗址上院东北孤石上，现遗址处新建房屋，围成院落，保存较好。坐标40.05.35，117.17.30。题字字径200厘米，正书。仰莲座。

佚名题字

年代不详

位于瑞云庵遗址下院（老爷庵）石壁，保存一般。坐标40.05.32，117.17.36。题字上刻"日月""天地""国王"，下刻"太山石敢当"，字径20厘米，正书。

日月天地国王，
太山石敢当。

佚名题—无量寿佛

年代不详

　　位于千像寺遗址西北，契真洞洞外石壁，风化严重，保存较差。坐标40.05.25，117.17.46。题字横写一行，字径30厘米，篆书。

无量寿佛

佚名题—龙池

年代不详

位于莲花岭西御道南侧，水月庵遗址东约1000米石壁，保存较好。坐标40.05.47，117.15.28。题字竖写一行，字径17厘米，正书。题字上端另有线刻龙纹图案，高约50、宽约120厘米，未见龙头。旁有新刻"龙池"二字。

【注】水月庵：明万历四十一年（1613）建。庵南有泉，自石龙口出，涓涓不涸。现为遗址。

龙池

佚名题—佛

年代不详

位于莲花岭西御道南侧，水月庵遗址东约1000米石壁，保存一般。坐标40.05.47，117.15.28。题字分二石，相邻，均为"佛"字，字径分别为30厘米和22厘米，正书。其中字径较小的"佛"字倒置。

佛

佚名题—忘瀑水

年代不详

　　位于莲花岭西御道南侧，水月庵遗址东约1000米巨石上，石被村人围挡，并人为凿开，字毁坏，保存较差。坐标40.05.47，117.15.28。题字竖写一行，字径18厘米，正书。

忘瀑水

附录

附录一　盘山摩崖石刻地理位置索引

报国寺遗址

明扬成题记	崇祯十七年（1644）前
清龙纹雕刻	宣统三年（1911）前
民国佚名题—黑水	1949年前

东甘涧

清弘历题《东甘涧》诗	乾隆十五年（1750）
清弘历题《东甘涧》诗	乾隆十七年（1752）
清弘历题《东甘涧》诗	乾隆十八年（1753）
清弘历题《东甘涧作》诗	乾隆二十八年（1763）二月
清弘历题《东甘涧》诗	乾隆三十一年（1766）九月
清弘历题《东甘涧》诗	乾隆三十四年（1769）三月
清弘历题《东甘涧》诗	乾隆五十年（1785）
清弘历题《东甘涧》诗	乾隆五十二年（1787）三月
清弘历题《东甘涧》诗	乾隆五十四年（1789）三月
清弘历题《东甘涧》诗	乾隆五十六年（1791）三月
清弘历题《过东甘涧弗入》诗	乾隆五十八年（1793）三月
清弘历题《由西甘涧过东甘涧得句》诗	嘉庆二年（1797）
清颙琰题《东甘涧》诗	嘉庆八年（1803）闰二月

东竺庵遗址

清弘历题《东竺庵》诗	乾隆十二年（1747）二月
清弘历题《东竺庵》诗	乾隆二十八年（1763）二月
清弘历题《东竺庵》诗	乾隆五十四年（1789）

法藏寺

明云峰题—楞严台	万历三十一年（1603）
明佚名题—法船石	崇祯十七年（1644）前
清弘历题《法藏寺》诗	乾隆三十五年（1770）二月
清弘历题《法藏寺》诗	乾隆三十九年（1774）二月

古中盘正法禅院遗址

明古中盘佛造像一	崇祯十七年（1644）前
明古中盘佛造像二	崇祯十七年（1644）前
明古中盘佛造像三	崇祯十七年（1644）前
清弘历题《憩古中盘精舍》诗	乾隆十五年（1750）秋
清弘历题《古中盘放歌》诗	乾隆十七年（1752）
清弘历题《古中盘》诗	乾隆十八年（1753）十月
清弘历题《古中盘》诗	乾隆二十年（1755）春
清弘历题《古中盘》诗	乾隆二十八年（1763）
清弘历题《山行》诗	乾隆三十一年（1766）二月
清弘历题《古中盘》诗	乾隆三十四年（1769）三月
清弘历题《游古中盘作》诗	乾隆三十五年（1770）二月
清弘历题《游古中盘杂咏》诗	乾隆三十七年（1772）
清弘历题《游古中盘》诗	乾隆三十九年（1774）二月
清弘历题《盘阿精舍即目》诗	乾隆五十年（1785）
清弘历题《游古中盘慧因寺》诗	乾隆五十二年（1787）
清弘历题《盘阿精舍四首》诗	乾隆五十二年（1787）
清弘历题《游古中盘慧因寺》诗	乾隆五十四年（1789）三月
清弘历题《游古中盘慧因寺》诗	乾隆五十六年（1791）

清弘历题《游古中盘慧因寺》诗	乾隆五十八年（1793）
清弘历题—万象回薄	乾隆六十年（1795）前
清颙琰题《慧因寺作》诗	嘉庆八年（1803）闰二月
清古中盘碑形摩崖	清宣统三年（1911）前

静寄山庄遗址

清弘历题—贞观遗踪	乾隆十二年（1747）前
清弘历题《盘山十六景·贞观遗踪》诗	乾隆十二年（1747）
清弘历题《松》诗	乾隆十五年（1750）
清弘历题《千尺雪》诗	乾隆十八年（1753）十月
清弘历题《小石城》诗	乾隆十九年（1754）
清弘历题—林深石润	乾隆十九年（1754）前
清弘历题—松石间	乾隆十九年（1754）前
清弘历题—面目是真山	乾隆十九年（1754）前
清弘历题—萝屏	乾隆十九年（1754）前
清弘历题—青牛	乾隆十九年（1754）前
清弘历题—娥绿	乾隆十九年（1754）前
清弘历题—千尺雪	乾隆十九年（1754）前
清弘历题—朵山亭	乾隆十九年（1754）前
清弘历题《朵山亭》诗	乾隆二十年（1755）
清弘历题《朵山亭》诗	乾隆二十三年（1758）冬
清弘历题《贮清书屋》诗	乾隆二十八年（1763）春
清弘历题《贮清书屋》诗	乾隆二十九年（1764）
清弘历题《再题千尺雪》诗	乾隆三十七年（1772）二月
清弘历题《千尺雪》诗	乾隆五十年（1785）三月
清弘历题《再题千尺雪》诗	乾隆五十八年（1793）三月
清弘历题《冷然阁》诗	嘉庆二年（1797）
清李江题—响涧	同治十一年（1872）
民国抗日标语一	民国三十四年（1945）前
民国抗日标语二	民国三十四年（1945）前

民国抗日标语三	民国三十四年（1945）前
民国抗日标语四	民国三十四年（1945）前
民国抗日标语五	民国三十四年（1945）前
民国抗日标语六	民国三十四年（1945）前
民国抗日标语七	民国三十四年（1945）前
民国抗日标语八	民国三十四年（1945）前
民国抗日标语九	民国三十四年（1945）前

盘谷寺遗址

清智朴题—文殊智地	康熙二十二年（1683）前
清弘历题《再题盘谷寺》诗	乾隆七年（1742）九月
清弘历题《盘谷寺》诗	乾隆十四年（1749）秋
清弘历题《盘谷寺》诗	乾隆十九年（1754）二月
清弘历题《济源盘谷考证》	乾隆三十四年（1769）
清弘历题《题盘谷寺》诗	乾隆三十五年（1770）二月
清荣禄题—捧日	光绪二十九年（1903）前
民国佚名题—舍利塔界	1949年前
民国佚名题—玉乳泉	1949年前

千像寺遗址

辽千像寺石刻造像群	统和五年（987）前
明佚名题—千圣洗钵池记	崇祯十七年（1644）前
明契真洞佛像	崇祯十七年（1644）前
清弘历题《千像寺》诗	乾隆十七年（1752）
清弘历题《千像寺八韵》诗	乾隆十九年（1754）春
清弘历题《千像寺》诗	乾隆二十九年（1764）十月
清弘历题《千像寺戏为禅语》诗	乾隆五十四年（1789）三月
民国陈兴亚题—东方极乐	民国二十一年（1932）六月
佚名题—无量寿佛	年代不详

瑞云庵遗址

明佚名题记	嘉靖四十二年（1563）正月二十五日
佚名题—佛	年代不详
佚名题字	年代不详

上方寺

明三佛石纪事碑形摩崖	成化四年（1468）五月
明于觉甫、卢雍游山题记	正德十年（1515）十二月二十九日
明闻人铨题—盘山	嘉靖十年（1531）
明彭泽题—仙台	嘉靖二十八年（1549）
明彭泽题记	嘉靖二十八年（1549）六月
明佚名题记	嘉靖二十九年（1550）
明刘应节题—天门开	隆庆四年（1570）前
明佚名题—大方广	崇祯十七年（1644）前
明佚名题诗一	崇祯十七年（1644）前
明佚名题诗二	崇祯十七年（1644）前
明佚名上方寺大方广佛像	崇祯十七年（1644）前
清弘历题《上方寺》诗	乾隆十七年（1752）春
清弘历题《上方寺作》诗	乾隆五十年（1785）
清弘历题《望上方寺未至寄题二绝句》诗	乾隆五十四年（1789）三月
清寻銮晋等游盘山题记	同治十一年（1872）三月
清李江题—方开悟界	光绪九年（1883）前
清春庵子题记	宣统三年（1911）前
清佚名题—喝断石	宣统三年（1911）前
民国陈兴亚题记	民国二十一年（1932）六月
民国抗日标语十	民国三十四年（1945）前
民国佚名题诗	1949年前

少林寺遗址

金带川题—盘山古迹	大定七年（1167）八月二十日
金带川题—红龙池	大定七年（1167）八月二十日
明卢雍、于觉甫等游盘山题记	正德十年（1515）十二月二十九日
清弘历题《少林寺》诗	乾隆十七年（1752）
清弘历题《望少林寺未入》诗	乾隆三十一年（1766）二月
清弘历题《过少林寺》诗	乾隆三十五年（1770）
清弘历题《少林寺》诗	乾隆三十七年（1772）
清弘历题《少林寺》诗	乾隆三十九年（1774）
清弘历题《少林寺》诗	乾隆四十年（1775）三月
清弘历题《少林寺》诗	乾隆五十二年（1787）
清寻銮晋等游盘山题记	同治十一年（1872）
民国佚名题—说法台	1949年前
民国佚名题—立沛甘霖	1949年前
民国佚名题—华严洞	1949年前

双峰寺遗址

清弘历题《双峰寺》诗	乾隆二十九年（1764）十月
清弘历题《自西峪取路入田盘至双峰寺 小憩成咏》诗	乾隆三十一年（1766）九月
民国陈兴亚题记	民国二十一年（1932）六月二十一日

水月庵遗址

佚名题—龙池	年代不详
佚名题—佛	年代不详
佚名题—忘瀑水	年代不详

天成寺

清汪仁溥题—涓涓泉	乾隆二年（1737）
清弘历《题天成寺江山一览阁》诗	乾隆七年（1742）九月
清慎郡王题—龙象	乾隆十年（1745）
清弘历题《天成寺》诗	乾隆十四年（1749）秋
清弘历题《晓游天成寺》诗	乾隆十五年（1750）秋
清弘历题《天成寺》诗	乾隆十七年（1752）
清弘历题《天成寺》诗	乾隆十八年（1753）十月
清弘历题《天成寺》诗	乾隆十九年（1754）春
清弘历题《游天成寺》诗	乾隆三十一年（1766）九月
清弘历题《游天成寺作》诗	乾隆三十五年（1770）二月
清弘历题《游天成寺》诗	乾隆三十七年（1772）二月
清弘历题《游天成寺》诗	乾隆四十年（1775）三月
清弘历题《游天成寺》诗	乾隆五十年（1785）三月
清弘历题《游天成寺》诗	乾隆五十二年（1787）
清弘历题《游天成寺漫题》诗	乾隆五十六年（1791）三月
清弘历题《游天成寺》诗	乾隆五十八年（1793）三月
清颙琰题《天成寺作》诗	嘉庆八年（1803）闰二月
清濮庆孙等游盘山题记	同治十一年（1872）三月十八日
清郑心斋等重修石门桥道题记	光绪五年（1879）九月
清思通等游盘山题记	光绪九年（1883）六月
清宁璕题字	光绪十一年（1885）三月
清唐廷枢等游盘山题记	光绪十四年（1888）八月九日
清王忠荫题—鸣驺入谷	光绪十五年（1889）三月
清陆兆焘等游盘山题记	光绪二十年（1894）九月十日
清寿子年等游盘山题记	光绪二十八年（1902）三月
清荣禄题—入胜	光绪二十九年（1903）前
清景佩珂等游盘山题记	宣统三年（1911）前
民国李荣台题—超凡	民国九年（1920）九月九日
民国傅增湘三游盘山题记	民国二十年（1931）三月

民国傅增湘等游盘山题记	民国二十年（1931）三月
民国陈兴亚题—四正门径	民国二十一年（1932）六月
民国陈兴亚等同游题记	民国二十一年（1932）六月
民国陈兴亚题—幽境	民国二十一年（1932）六月
民国许以栗题—招隐	1949年前
民国佚名题记	1949年前
民国王显屏等游盘山题—遏凡尘	1949年前
民国王恒彬题—真空	1949年前
佚名题—天风云鹤	年代不详

万松寺

唐李从简题舞剑台	开成五年（840）前
清弘历题《登盘山作》诗	乾隆七年（1742）九月
清弘历题《题李靖舞剑台》诗	乾隆七年（1742）
清弘历题《万松寺三首》诗	乾隆九年（1744）
清弘历题《万松寺》诗	乾隆十七年（1752）
清弘历题《惜松歌》诗	乾隆十九年（1754）二月
清弘历题《万松寺》诗	乾隆二十年（1755）
清弘历题《万松寺》诗	乾隆二十八年（1763）二月
清弘历题《万松寺》诗	乾隆二十九年（1764）十月
清弘历题《万松寺三首》诗	乾隆三十四年（1769）
清弘历题《万松寺二首一韵》诗	乾隆三十七年（1772）
清弘历题《万松寺》诗	乾隆五十四年（1789）
清弘历题《万松寺二首》诗	乾隆五十六年（1791）
清弘历题《万松寺》诗	嘉庆二年（1797）
清颙琰题《越李靖舞剑台》诗	嘉庆八年（1803）闰二月
清颙琰题《万松寺》诗	嘉庆二十年（1815）三月
清王锺霖题—逍遥游	同治七年（1868）九月
清寻銮晋等游盘山题记	同治十一年（1872）三月
清观荣题—梅仙广	宣统三年（1911）前

民国孙庆泽等游盘山题记	民国九年（1920）十月
民国董宪章等题—名山古寺	民国十三年（1924）三月十五日
民国王光耀剿匪题记	民国十四年（1925）
民国陈兴亚题—听涛	民国二十一年（1932）
民国神牛之墓	1949年前
梅庵题—仙人桥	年代不详

西甘涧

清永宁题记	乾隆四年（1739）
清弘历题《西甘涧》诗	乾隆十五年（1750）
清弘历题《西甘涧》诗	乾隆十八年（1753）十月
清弘历题《西甘涧》诗	乾隆二十八年（1763）二月
清弘历题《西甘涧》诗	乾隆二十九年（1764）十月
清弘历题《西甘涧》诗	乾隆三十一年（1766）二月
清弘历题《西甘涧》诗	乾隆三十四年（1769）三月
清弘历题《西甘涧》诗	乾隆三十九年（1774）
清弘历题《西甘涧》诗	乾隆四十年（1775）三月
清弘历题《西甘涧》诗	乾隆四十七年（1782）三月
清弘历题《西甘涧二首》诗	乾隆五十二年（1787）三月
清弘历题《西甘涧》诗	乾隆五十四年（1789）
清弘历题《西甘涧》诗	乾隆五十八年（1793）三月
清朱岷题记	乾隆年间（1736~1795）
清寻銮晋等游盘山题记	同治十一年（1872）三月
民国佚名题—令人目远	1949年前
民国张殿魁题—深秀幽奇	1949年前
佚名题—念佛	年代不详

先师台招提寺遗址

明蔡如蕙题—长春洞	万历十八年（1590）前

明蔡如芝题—先师台	万历十八年（1590）前
明月空题—瀑泉	万历十八年（1590）前
明李茂时题—奇观	万历十八年（1590）前
明陶有学题—渔阳独控	万历十八年（1590）前

云净寺遗址

清佚名题记	康熙九年（1670）
清弘历题《云净寺题句》诗	乾隆十七年（1752）
清弘历题《云净寺作歌》诗	乾隆三十一年（1766）二月
清弘历题《云净寺》诗	乾隆三十五年（1770）二月
清弘历题《云净寺作》诗	乾隆三十七年（1772）二月
清弘历题《云净寺》诗	乾隆四十年（1775）
清弘历题《云净寺口号》诗	乾隆四十七年（1782）三月

云罩寺

清弘历题《云罩寺作》诗	乾隆七年（1742）九月
清弘历题《登云罩寺定光塔》诗	乾隆十四年（1749）秋
清弘历题《登云罩寺定光塔作歌》诗	乾隆十七年（1752）
清弘历题《寄题云罩寺》诗	乾隆五十年（1785）
清弘历题《是日未至云罩寺寄题》诗	乾隆五十二年（1787）三月
清弘历题《寄题云罩寺》诗	乾隆五十六年（1791）三月
清弘历题《寄题云罩寺》诗	乾隆五十八年（1793）三月
清李江题—将军石	同治十一年（1872）
清寻銮晋题—奇境	同治十一年（1872）
清陈国瑞题—一览众山小	光绪八年（1882）前
清陈国瑞题—近日	光绪八年（1882）前
清陈国瑞题—卿云拜佛石	光绪八年（1882）前
清陈国瑞题—攒云	光绪八年（1882）前
清荣禄题—摩天	光绪二十九年（1903）前
民国佚名题—去天尺五	1949年前

附录二　盘山其他石刻名录

碑刻

1. 唐·道宗常实二僧碑 　　　　　　　　　　乾宁二年（895）
2. 辽·盘山千像祐唐寺创建讲堂碑 　　　　　统和五年（987）四月八日
3. 明·秀峰禅林之记碑 　　　　　　　　　　正德二年（1507）四月
4. 明·盘山古刹祐唐寺重铭碑记 　　　　　　嘉靖十五年（1536）四月
5. 明·重修盘山舍利塔云罩寺碑记 　　　　　万历三十一年（1603）二月
6. 明·天城兰若重修舍利宝塔记 　　　　　　崇祯四年（1631）十月
7. 明·重修卫公庵碑记 　　　　　　　　　　崇祯十三年（1640）九月
8. 明·重修李靖庵记碑 　　　　　　　　　　崇祯十三年（1640）九月
9. 清·重修千像寺藏经殿碑记 　　　　　　　顺治三年（1646）九月
10. 清·创建盘山古中盘正法寺碑记 　　　　　康熙十四年（1675）七月
11. 清·玄烨古中盘诗碑 　　　　　　　　　　康熙十七年（1678）
12. 清·青沟禅院碑 　　　　　　　　　　　　康熙二十六年（1687）三月
13. 清·无暗律师实行碑记 　　　　　　　　　康熙三十年（1691）冬月
14. 清·卫公庵普照大师行实碑记 　　　　　　康熙三十二年（1693）八月十三日
15. 清·玄烨赐智朴和尚诗碑 　　　　　　　　康熙四十三年（1704）二月
16. 清·东后子峪新建朝阳庵碑记 　　　　　　康熙六十一年（1722）前
17. 清·弘历《游盘山记》碑 　　　　　　　　乾隆七年（1742）九月
　　　　　　　　　　　　　　　　　　　　　碑阴镌刻乾隆九年（1744）《重游天成寺》诗
18. 清·重修盘山云罩寺舍利塔碑铭 　　　　　乾隆八年（1743）六月
　　　　　　　　　　　　　　　　　　　　　碑阴镌刻乾隆九年（1744）《登云罩寺定光塔》诗碑
19. 清·盘谷寺弘历诗碑 　　　　　　　　　　乾隆七年（1742），乾隆十七年（1752），乾隆
　　　　　　　　　　　　　　　　　　　　　三十一年（1766），乾隆三十四年（1769）
20. 清·颙琰登云罩寺定光塔诗碑 　　　　　　嘉庆二十年（1815）春
21. 清·万松寺重立宗派碑记 　　　　　　　　道光十六年（1836）二月
22. 清·盘山天成寺重修佛殿碑记 　　　　　　同治三年（1864）四月
23. 清·重修千像寺碑 　　　　　　　　　　　光绪十九年（1893）七月

24. 清·朝阳庵记事碑　　　　　　　　光绪二十三年（1897）二月
25. 清·青峰寺残碑　　　　　　　　　宣统三年（1911）前

经幢

1. 辽·当寺则都和尚塔经幢　　　　　天庆八年（1118）
2. 蒙古·天成寺天开大经鉴公灵塔残经幢　　太宗九年（1237）
3. 明·天成寺佛顶尊胜真言塔经幢　　万历十五年（1587）
4. 上方寺经幢　　　　　　　　　　　年代不详
5. 千像寺经幢　　　　　　　　　　　年代不详

制坊

清·存诚居士淳郡王制坊　　　　　　康熙六十一年（1722）前

塔铭

1. 清·濮庆孙等游盘山题记　　　　　同治十一年（1872）三月十六日
2. 清·李湛游盘山题记　　　　　　　同治十一年（1872）七月
3. 清·李江题记　　　　　　　　　　光绪九年（1883）前
4. 清·林绍年等游盘山题记　　　　　宣统二年（1910）八月二日
5. 清·傅增湘等游盘山题记　　　　　宣统三年（1911）四月
6. 民国·刘寿昌题诗　　　　　　　　1949年前

照壁

清·陈国瑞题"京东第一山"　　　　　光绪八年（1882）前

匾额

清·敕修盘古寺石匾　　　　　　　　乾隆十年（1745）

附录三　摩崖石刻分布图

盘山风景名胜区

后　记

　　盘山摩崖石刻调查项目得到天津市文博院课题资金支持，以及天津市文化遗产保护中心领导的支持和帮助，既是工作任务，亦是兴趣使然。

　　登山访古既是一桩期待发现令人兴奋的乐事，更是一件伴随着危险与伤痛的苦差事。

　　突击调查，盘山脚下驻扎了3周，山里山外转了整整9天。在初春的盘山行走攀爬，走过了枝头嫩芽、野桃花含苞、连翘的挺拔和纷纷梨花带雨的时光。采集了大量一手的盘山石刻数据和影像资料。留下并带回了层叠的划伤、摔伤后持续隐痛和疲惫。而收获的是同甘共苦的友情。痛并快乐，如影随形。

　　调查的时间比预计的快，得益于天津盘山风景名胜区管理局的支持，既有缆车通勤车可直达山顶，由上往下转，效率大增又节省体能；又派了刘晓伶、闫成国两位熟悉山里地形的好向导，减少许多弯路并带来不少新发现。

　　调查的效果超出预期，仰仗天津市蓟州区文物局的支持，和蓟州区文物保护管理所的刘福宁、李洪山、刘建国、刘斌四位兄弟的帮助。他们熟悉盘山的各个文物点，特别是针对已经漫漶摩崖的辨别，对此次调查的质量大有裨益。

　　调查补漏得益于李洪山、田继业提供的线索，使得资料的完整度更趋丰满。

　　除在文中标注照片来源之外，调查现场的摄影，主要由白一凡、李明协助完成，后期对悬空石题字的拍摄由戴滨操作飞行器完成。

　　说到遗憾，一是调查的时间周期短。在某一摩崖点位停留的时间便相应缩短，影响坐标点的精度，更无法进行海拔高程的测量。二是调查准备得不充分。除景区以外，由于限制烧柴而无人捡拾枯枝和落叶，使山中枝杈纵横，落叶遍地，低估了行走上的困难，没有携带绳索等必要的登山装备。

　　最后，感谢陈雍先生的指教！

　　感谢程绍卿、岳宏、王昆江三位兄长的意见和帮助！

　　由于水平所限，写作之中必有所疏漏，抑或有论述不妥之处，希望大家指正。

盘山摩崖题刻调查成员合影
（左起：白一凡、刘福宁、刘斌、刘晓伶、刘建国、李洪山、杨新、李明、闫成国）